U0701934

南方叙事丛书 第二辑

谢湘南 主编

崇高的沉睡

程鹏

——

著

深圳出版社

图书在版编目（CIP）数据

崇高的沉睡 / 程鹏著 . –– 深圳 : 深圳出版社，
2023.7

（南方叙事丛书 / 谢湘南主编 . 第二辑）

ISBN 978-7-5507-3864-5

Ⅰ . ①崇… Ⅱ . ①程… Ⅲ . ①诗集－中国－当代
Ⅳ . ① I227

中国国家版本馆 CIP 数据核字 (2023) 第 112927 号

崇 高 的 沉 睡

CHONGGAO DE CHENSHUI

出 品 人　聂雄前
责任编辑　孙　艳
责任校对　熊　星
责任技编　梁立新
封面设计　花间鹿行

出版发行　深圳出版社
地　　址　深圳市彩田南路海天综合大厦（518033）
网　　址　www.htph.com.cn
订购电话　0755-83460239（邮购、团购）
设计制作　深圳市龙瀚文化传播有限公司 0755-33133493
印　　刷　深圳市新联美术印刷有限公司
开　　本　889mm×1194mm 1/32
印　　张　6.75
字　　数　100 千
版　　次　2023 年 7 月第 1 版
印　　次　2023 年 7 月第 1 次
定　　价　40.00 元

版权所有，侵权必究。凡有印装质量问题，我社负责调换。

法律顾问：苑景会律师 502039234@qq.com

献给妈妈

总序

南方叙事作为一种
写作立场与方法

谢湘南

2020 年 8 月，海天出版社（现改名为深圳出版社——编者注）推出"深圳新文学大系"系列书籍，包括李扬主编的《深圳新文学大系"新都市文学"卷》《深圳新文学大系"打工文学"卷》，孙民乐主编的《深圳新文学大系"非虚构写作"卷》《深圳新文学大系"底层文学"卷》，以及邓一光主编的《我的深南大道——深圳诗歌四十年》《我的光辉岁月——深圳散文四十年》，这套书对深圳特区四十年的文学书写做了大致的梳理。从具体的作品到理论架构，这套书对深圳文学研究者是一条很好的线索。

在此之前，"南方叙事丛书"于 2019 年 4 月出版第一辑，这套丛书包括四本诗集（谢湘南《深圳诗章》、余文浩《早晨在植物园》、吕布布《幽灵飞机》、何招鑫《北面的山》），六本散文集（赵倚平《深夜记》、叶明镜《走过这片田野》、倪海兰《风从晒布路吹过》、罗松生《笔下山川》、蓝运彰《深圳情浓》、梅玉文《遥远的童话》），一本小说集（西西《阳光正好》）。这套丛书获得罗湖区宣传文化事业发展专项资金的支持，由罗湖区作家协会推出，这些作品充分展现了一群生活在深圳的作家、诗人当下的创作状态。

十一位写作者多数住在罗湖，他们的写作与深圳的城市生活与城市发展有着内在的联系，正是此时此地的火热生活体验，形成了他们各自的叙事轨迹与写作风格。正如吴亚丁所言："关于'南方叙事'，我们其实是想表达一个梦想，一个关于深圳文学的期待。"

1

"南方叙事"这一概念于2014年，由时任深圳市作协副主席、罗湖区作协主席的吴亚丁与深圳大学教授、博士生导师汤奇云提出。吴亚丁在"南方叙事丛书　第一辑"的总序中曾有详细描述："作为深圳文学的参与者，同时，也作为《罗湖文艺》的主编，时至今日，我仍然记得2014年那个秋天，我们首次在《罗湖文艺》提出'南方叙事'或'南方写作'的概念。不，岂止是概念呢？事实上，那一年，我们正急切地期待一种全新的命名，来概括和诠释当代深圳文学的写作。"

　　他们认为，"深圳当代文学，经过数十年的创新与发展，正在步入一个更具宽度与深度的活跃期。作为受惠于改革开放、日益繁荣发展的深圳文学，理应得到世人更多的关注与重视。在这充满希望之地，在这最具活力的南方经济之城，深圳的文学，更加迫切地需要寻找到自己的发展坐标与路径，需要认清自己的未来与使命。我们共同认为，深圳文学应该赓续和弘扬自屈原以来的浪漫主义传统，融合和发展源远流长的南方文化基因，在理想的旗帜下，承继古老而新锐的文学梦想。基于此，我们想给深圳文学的旗帜，写上这样的大字：'南方叙事'，或者'南方写作'。"

　　关于"南方写作"，近年来国内文学理论界、批评界多有热议。《南方文坛》2021年第3期刊登了中国人民大学文学院教授、博士生导师杨庆祥《新南方写作——主体、版图与汉语书写的主权》一文，杨庆祥提出"新南方写作"这一概念，他从阅读海外华人作家作品切入，所指认的"南方"更为宽阔，包括广东、广西、海南、福建、香港、澳门、台湾等地区以及马来西亚、新加坡、泰国等东南亚国家。在此文中，他列举了几位关注到的作家，包括身处广东的王威廉、陈崇正，海南的林森，广西的朱山坡，香港的葛亮等。他从地理性、海洋性、临界性、经典性四个维度，对"新南方写作"的理想特质做出界定。

　　在2022年1月5日的《中国社会科学报》上，诗人冯娜对话陈崇正，谈及"新南方写作"的自觉。冯娜认为，一批"新南方作家"的文本为人们展示了诸多关于南方的独特地理、文化和精神想象的"新南方经验"。

可以说，"新南方写作"概念与从深圳罗湖发端的"南方叙事"有着异曲同工之处。"南方叙事"提出之初，更是立足深圳的写作实践，是基于深圳文学现状与发展的一种思考与呼唤。其时，以《罗湖文艺》等文学期刊为平台，推出了一系列深圳作家、诗人的作品与评论专辑，形成了一定的文学声场。

据我了解，近年来，深圳市作协以及各区作协，包括海天出版社、深圳报业集团出版社、深圳职业技术学院等都在组织关于深圳文学作品的出版及研究，推出过一系列文丛，如"深圳当代短小说8大家""深圳网络文学拉力赛精品文库""新城市文学理论丛书""深圳新锐小说文库""我们深圳"文丛、"深圳文学研究文献系列"丛书等。

这些作品、文本以及理论的梳理与建构，从不同角度与层面，展现出南方叙事与南方写作的特质，呈现深圳作为文学现场的写作景观。以"南方叙事丛书 第一辑"为例，这里面有个体写作者清晰的面貌，也很好地呈现了一组写作者群像。这一群像是深圳作家扎根于此进行文学创作实践的缩影——也是在时代的巨变中，在城市化背景下，为现实写作、为梦想写作、为生命写作的一个可供观察的典型样本。这一样本具有很大的伸缩性，可做个人化微观言说的逐一分析，也可放大至讲好中国故事的南方标本。

2

个人认为，"南方叙事"首先代表了一种写作立场与价值取向，这一立场，源自中国改革开放的精神谱系，扎根于现实生活土壤的文学想象与真理探寻，它根植在深圳这样一个改革开放的最前沿，我们甚至可以将这种精神立场溯源至邓小平南方谈话。邓小平提出的"改革开放胆子要大一些，敢于试验，不能像小脚女人一样。看准了的，就大胆地试，大胆地闯""摸着石头过河""杀出一条血路"等政治思想话语，个人认为这些思想资源，不仅是深圳搞活经济的指南针，它们也是一种文学话语，是"南方叙事"生动形象、直接有力的精准表述，是生活与工作在这块土地上的写作者的创作原动力。

"南方叙事"就是基于改革开放精神资源的文学实践，是一种探寻各种可能性的写作价值立场的展现，从母语出发，从火热的现实与生活现场出发，从时代性出发，从文学的本质出发，从活生生的人出发，去建构我们时代的文学景观与精神图谱。它是城市的，也是超越城市的；它是地域的，也是超越地域的；它是当下的，也是连接过去与指向未来的。吴亚丁所言，"我们今天所提倡的'南方叙事'，并不单纯是一个地域或方位的概念，而是一个突出人与文学的双重自觉的文化概念。我们心目中的'南方叙事'，尤为关注它的世界意识和现代价值"，也正是出于这样一种判断。

当然，一定意义上，"南方叙事"也是一种方法论，尤其是当它与叙事学联系起来时。第一它明确了一个写作主体；第二它树立了一个言说空间；第三它创造或者说预设了一种表达氛围；第四它有源自民间的活力与结构（移民城市与开放性社会强大的流动性）；第五它将写作行动转化为媒介与符号，本身是对写作的激活。写作主体、言说空间、表达氛围、民间活力、媒介属性五者糅合，形成了"南方叙事"的写作向度与方法指引。

汤奇云在《移民文化与南方叙事的诞生》（《罗湖文艺》2019 年第 5 期）中曾探讨过"南方叙事"的逻辑起点与传统文学叙事的差异："深圳文学叙事对新兴市民社会的伦理（既包括了家庭伦理，也包括了职业伦理）建构，既是对'五四'启蒙文学的超越，也是对 90 年代盛行的新写实文学的超越。仔细想来，这双重超越的背后，恰恰是基于深圳作家对传统情义叙事的继承与捡拾。他们在应对现代城市生活中的孤独病症时，本能性地将传统情义审视与现代理性分析有机地结合起来，从而使得他们的文学叙事，既顺利完成了对当下都市人生的写实，又表达了他们对新的社会人伦关系的期盼。如此说来，深圳作家所声称的'南方叙事'，就不仅仅是他们所倡导的一种创作方法论，更是一种嫁接了现代理性文明而形成的新的人学思维方式。他们力图通过这种新的人学思维方式，重新定义自我，并进而重新定义他们的文学意义。"

这是从写作主体上去思考写作向度与文学意义的崭新呈现。当然，界定"南方叙事"的写作特质，还有更多的向度与更广的文本。纵观现有的深圳作家的作品，展现出"南方叙事"特质的作品众多，如邓一光、南翔、吴君、蔡东、曹征路、盛可以、丁力、吴亚丁、郭建勋、钟二毛、薛忆沩、谢宏、厚圃、旧海棠、陈再见、孙向学、戴斌、林棹等人的小说；李兰妮、黄灯、慕容雪村、萧相风、南兆旭、王国华、涂俏、张黎明、聂雄前、秦锦屏、虞霄、钟芳、廖虹雷等人的非虚构作品与散文；王小妮、吕贵品、黄灿然、孙文波、从容、何鸣、谢湘南、阿翔、远人、莱耳、谷雪儿、桥、张尔、樊子、太阿、赵目珍、远洋、孙夜、宝蘭、一回、余丛、余文浩、吕布布、阮雪芳、兰浅、陈末、赵俊、程鹏、郭金牛、李晃、何招鑫、李双鱼、居一、不亦、叶耳、刘郎、姜二嫚等人的诗歌，等等。

当然，这一名单还可以相当长地开列下去，因为深圳作为一个写作现场，在四十多年的累积中，已逐渐呈现一个文学城市的储能，只是尚未有人能系统地发掘其内在书写与繁杂的文本，从而形成一种人类城市建设史上的奇迹般的文学脉络与文化景观。个人觉得已出版的"深圳新文学大系"，也只是呈现了深圳文学的一个侧面而已。而如果从"南方叙事"与"南方写作"的概念上去梳理，深圳文学亦将展现出全新的面貌。作为写作现场的深圳文学，明看是深圳的文学史，隐匿其中的其实是深圳的城市发展史与改革开放图景下风云变幻的精神图谱与生活史。

3

从写作立场延伸到艺术特色，个人认为"南方叙事"正在构建的是一种新的家园感。如果我们的现实生活正被各种力量进行"解构"的话，那么文学书写或者说致力于写作这一行动，无疑是一种精神建构。尽管作家与诗人的写作是个人化的，却有物理空间与生活背景上的大致同一性，不管是以深圳为背景，还是以粤港澳大湾区为言说空间，还是像"新南方写作"概念所指认的更宽阔的南方。作为地域写作的模型建构（我更愿意将其看作是南方精神的语言与视觉呈现），它其实展现出了一种现代世界诞生以来，如何建构精神家园的深层叩问。

今天的时代，我们所生活的家园，在现代（观念）的冲击与洗刷下，已完成了无数次的改头换面。作为生活于斯的写作者，我们怎样讲述自己的故事？我们怎样展现对自身历史的理解？我们怎样呈现对周围世界的观察？我们是不是进入了一种文学生活，诗意的栖居距我们还有多远？还是只能在虚构中实现？这些都是摆在写作者面前的问题。这也就是我想要强调的"南方叙事"对建构我们自身的精神家园的重要性。

　　以林棹 2021 年出版的长篇小说《潮汐图》为例，这是一部具有典型南方叙事特质的小说。它以"我是虚构之物"展开叙事，以魔幻故事写岭南风物，以一场穿梭于东方与西方、历史图景与生活现实之间的旅行，展露出极为独特的书写视角与语言景观。她的叙事基调构筑了近、现代史上的珠江三角洲的开放图志，以巨蛙之眼观世界、话南方，呈现出光怪陆离的现代世界的神话原型。它自然也具有"新南方写作"所提的"地理性、海洋性、临界性"等特质，我们甚至也可以赋予它探究了时代精神、历史命运这样一些关键词。从阅读体验上讲，我更愿意把它看成是虚构性的"历史写作"，它让南方、让广东的历史在一个奇幻故事里摇曳生姿。

　　从"历史写作"角度归纳，在"南方叙事丛书　第二辑"中，我们同样呈现了可供阅读的扎实文本，如有记述罗湖近代以来一百多年历史的非虚构文学作品《大罗湖》（刘深著）、有写保障香港生命线的东深供水工程的《水向高处流——"东深供水工程"实录》（胡忠阳、李健辉著）、有讲述东江流域境内革命故事的《红色东江》（尤波、明勇著）。这三本书，从不同视角书写了罗湖的大历史，套用克劳福德对《到芬兰车站》"观念的旅行"的评语，从对罗湖历史的书写的阅读中，也可以看到改革开放精神的宏大背景与起承转合，看到这一观念在我们时代的旅行轨迹。

　　"南方叙事丛书　第二辑"有历史的维度，更有当下的书写；有非虚构的真实展现，也有诗意的凝练与升华。如尹维颖的随笔集《生活在深圳》，作者以灵动的笔触呈现了深圳众多有趣的文化与艺术现场，描写了这个城市中那些着迷于艺术与艺术生活的人，是都市游牧者的心灵地图；欧阳德彬的小说集《我想去趟布拉格》，充满了对异文化的想象，他讲述的故事中洋溢着青春的骚动，透过一个个普通人的日常生活，营造出南方的潮湿与氤氲氛围；程鹏的诗集《崇高的沉睡》是一曲献给母亲的颂歌，是诗人对精神故乡与成长过程的诗性回望；诗歌选本《春风写罗湖》（谢湘南主编）则有如一抹城市的精神剪影，突显春风的沐浴，是诗歌地理志，亦是深圳诗人对城市生活的诗意呈现，是想象力的集结，亦是语言飞翔之翼，其中不乏如惠特曼写布鲁克林大桥、桑德堡写芝加哥般的精彩文本。

从这套书中，同样可以读到我所强调与指认的新的家园感的建构过程，它是精神归旨，亦是艺术特色。在每天都在更新的深圳（或者再放大点，到粤港澳大湾区）作家的文学生产中，我们将其抽样与呈现出来，希望它能成为一个关注焦点，亦期待它承续与扩大"南方叙事"与"新南方写作"的精神图谱，成为中国式现代化的先行注脚。

目录

1

玫瑰贺词

1

玫瑰在一座房子里建造

把一切神圣和洁白挂满金色的铃铛

玫瑰是我送给你们的贺礼，它驾着一辆马车

比我们宫殿还要豪华，比我们额头上的月光还要浪漫

是教堂的钟声，把我的颂词也带来了

此时的玫瑰，是无声的语言，说不出的纯粹

它高过一切火焰

让天使的翅膀洒下白色的跑道，让你们也学会飞翔

美丽的玫瑰没有刻意地营造气氛

此时的玫瑰盛装了华丽的酒液，有着丝绸的气质

它不说话，它在高雅的婚礼进行曲中

煽动着它的红色嘴唇，它的嘴唇用来装糖果和香槟

2

一个森林里住满了你们的家族
一个雪国里有你们的花园和宫殿
中午金色的阳光把你们的生活建在大树的枝丫上
傍晚有鸟雀给你们衔来晚餐和凤巢

但还是那玫瑰在你们的搪瓷碗中
静静地开放，像你们二十年来的面容和晚礼服
黄昏的手剪掉画家的布景
晚霞倒掉它的红色和紫色，把花园的花朵染透

你们在你们的王国里用云做衣裳
种下的每一颗种子都是相思和玫瑰的花瓣
谁都邀请，把日子都装册成你们的诗集
盛大的舞会，高举的玫瑰和玻璃杯

对森林，对大海，对蔬菜的邀约
在沙滩上写下的足迹和浪花的怀念
把天空磨出一方魔镜，没有皱纹的天空
一切都在颂扬，一片蓝色也没放过

关于风筝和方向标的出现

蒲公英的降落伞停在你家园的草芥上

有两只蝴蝶绕着高高的屋顶，它们是紫红的蝴蝶

在屋顶，我们的玫瑰吸引着阳光

美，谁都在追求

像蜻蜓的飞机。呵，请停下来，拿下你们的翅膀

将月光当成早晨的露水和今晚的雪花

落下来，世界就美多了。还有我们的玫瑰

3

你们，在玉和鱼的童话故事里

有坚贞的信任，有忠诚的水池和荷塘

你们扮演月光的爱人，老去了好多年

却仍不忘记这童心之爱，你们是长城上的一对古老的传话

忘不了的，是我们的玫瑰

它像一个誓言，被魔法的花朵，在时间的钟摆中

你顶着一顶白色的诗冠

她是你的诗歌之王，在你朝圣的路上。我的诗人

是我们的玫瑰。请伸出你的桅杆和缆绳
星星已经落在海底，等待着我们把他重新打捞
打捞上岸，还给夜晚。还给今晚，在你的宫殿
有音乐这一刻都会响起，不是香槟酒的作用

4

4—1

是我们的玫瑰给你们的贺词，多么美妙的声音
此刻有音乐也要停止
有诗歌也可以贺词
有人声鼎沸，请安静。让时间的钟摆指在下午五点

美好的心灵，红色和紫色的象征和意义
每一个为你们颂词的灵魂都是洁白的
就是你们坚贞的陶瓷和晚上的圣诞树
我们分享着苹果，寻找着关于你们的传说和海船

4—2

时间在静止，时间在静止，时间在静止

我们听到河流在合唱。是我们的玫瑰

它有许多花瓣，它吹着红色的风，吹着紫色的翅膀

时间的表面上停着婚嫁的船只

这乡土的婚嫁女

月光是她出嫁的棉锦，星星是她箱笼的挂锁和槐树的钥匙

那个骑着马来的新郎

顶着一冠诗桂，掩藏着幸福的嘴角蓝色的河水

4—3

世界在他们面前并不遥远

岁月在他们面前走过了二十个冬天

在他们的橱窗里摆满了糖果和松鼠，有温暖的贺词

红色的囍字

是我们的玫瑰胜过画家的彩笔

不管他着多少油彩，贫穷他的技巧

也无法描绘出从炉子顶上冒出的茉莉香片

为你煮一壶茶

4—4

当你朗诵你的诗歌的时候，我的诗人
你相信心中一定住着一群天使，一个天国的天顶
是我们的玫瑰，唱出了多少贺词
此刻，用玫瑰构建一座房子那是足够的

你们生活在诗歌的书本里，用着小说的细节
观察每条鱼在水缸的游动，他们的世界有多大
他们就有多自由
他们在相遇的时候，保卫着爱情的城堡

4—5

海水在消失以前一朵玫瑰在开放
紫色的指甲垂着金色黎明的手掌
十二月的冬天，这里的大地一片洁白
我看见一团火焰，是我们的玫瑰

有谁看清楚玫瑰来的时候是紫色的脸庞

玫瑰走的时候，大堂的时间开始像河流倒流
所有站在时间上的人，他们举起烛火
燃烧着幸福的时刻

5

你们听见很多的贺词，是我们的玫瑰
我的诗人，在你们的宫殿，有多少能工巧匠把月光的项链打造
有多少织女要给你们织出云朵
十二月的雪国里多少酒杯倾倒

贺词你们在人生的大道上勇往直前
大道两旁的梧桐树和落叶榕我也要贺词
长长的大道刷着白色的跑道
一个下午遇见了爱情，友谊和泉水的乐章

我要将你们头顶的诗冠大声地送上贺词
你们黑色的头发，礼帽，和你身边的诗人
还有你们的亲人和朋友
还有你们的小孩和雪花般的贺词

你们曾骑过的自行车，它曾经的王座

载着你们的珠玑，祝福，和幸福的海岛

路过的椰林，黄金的沙滩，被你们筑起的城堡

还没有来得及去做的爱情

你们曾经在时光的刻字机关上理想的大门

把自己关在闹钟里，倾听一个世纪的来临

你们仿佛是新生的婴儿

睁着黎明般的眼睛并呼吸着清新的空气

有人在走来走去，交换着杯盏

奢华的红色酒液，包挂锦缎的铺设

没有任何矫揉造作的晚上，蓝色的月亮像一朵莲花

在湖水的中央，像一阕华丽的辞藻

给你们的贺词不只是这些

还要颂扬下你们所播下的种子，那是爱

超越生命的界限

用玫瑰的花瓣，此刻，有人在宫殿里大声传唱

歌唱你们的幸福，用玫瑰的声音

歌唱你们在这个圣诞之夜所取得的崇光和美好

有那么多的声音唱起来了

连屋顶上的天使都歌唱起来了，月亮也歌唱起来了

6

是鸽子的羽毛落在红色的地毯上没来得及说话

时间在两张嘴唇上，是我们的玫瑰

它需要爱，像脚下的海轮滚动着波涛

需要船长，水手，需要大海，需要海水的温柔和汹涌

是我们的玫瑰为你们编织了诗人的桂冠

你们生活的阳台是星星的住所和萤火的灯把

你们宛如两座月亮，肩膀靠着肩膀

左手拉着右手，为我们张开了微笑，如爱神的雕像

玫瑰

1

不可一世的玫瑰，芬芳四溢地坐入残酒中
二月，适合黎明的酒盅
微风中，游人的早春开始了
这植入季节的花朵，在万物苏醒过来的阳光下
一遍又一遍油着鲜艳

被人理解，包容，被新月笼罩如一层面纱
窗下的世界，有繁华的收场

2

不是一句赞美词就够
这些修饰的词语，像晚来的钟声，敲着热热闹闹的花瓣

墙角的一朵也开放了

众多的玫瑰姐妹中
挽着玉器，把多少金色和银色倾入地窖

我在这些明亮的词间
首先我的衣服因为玫瑰的颜色被烧着了红黑
因为脸色的羞愧，相信了世界还有那么多稠密的解释

3

无法低调，被众人瞩目，其他都是模仿
这声音也是音乐的基调
喧哗的命运，走在博彩中，那些从内心拍响的掌声

花枝各个不相容
并保留着繁华的冥想，众多花朵的儿女
它替代了王冠

纯粹，以及语言，以及爱情都是多余
它们不需要包容，花朵就是花朵

这些高昂的贵族

生命的过程也接近完美
结局也是如此，享受极大的喜悦
在宴席上，熟悉如酒杯，漂亮的玫瑰

4

一路上车和马
被二月打开的南方，我走在玫瑰丛中
细数着星辰
被蓝色天空掉下来的彩带，我被花朵劫持

这命中难以逃亡的情人
不可救药。
两情相持时，先爱上的人毕竟是痛苦的

彻底失败
骄傲的二月，被南风吹得不知道回家的方向
眼泪也是

忧伤就有一些

关于玫瑰的约会，坐在长椅上的那个人

咬着指甲

5

黎明的玫瑰染红了睡着的嘴唇

病学报告

1

都在说我了，仿佛成了一宗时下的病
快乐的，忧伤的，措手不及的，拐弯处的，那些精神丧失者
白色的医院，走来走去的人们都在走廊上
我过着一种残缺的人生
在万相中，我选择了苦如大钟
手术台上，我割着自己的伤疤，喂养我的爱情

我毒如膏汤，病得一蹶不振
玻璃碎了一地，我无力去看清楚你的相
那分辨不出的病灶，挖在我的血液里供我的母体把脉
我这样活过了一千年，一千年前我好在病了一场
那个手持手术刀的人老如尸骨
他刮着我身体里积满的白雪供在餐桌上，让我爱的人欣赏

2

我从来没有看到过一场乌鸦的战争

这一场病，让我预先看到了乌鸦的羽毛

它在黑暗中散发出白雪的光芒，我无法看到的颜色我也看到了

我还在梦中与你分辩，因此和你脸红

前面的路一定是鲜花，它们肢解着一个国家的标本

我活着，只是看到我的四肢像一个倾斜的字

一只乌鸦早在枝头，它嘲笑着世人，没有一个比它高尚

好在我在一场病中，无法体会和言传乌鸦的冰冷

我睁着两只眼，看见精神病患者在走廊上举着我的骨头

这是一具病体，有着诗句般的哲理

这被研究起来的世态群像，陈列在病案中

找不到答案，乌鸦的预言在神学的家中被禁止

3

我从来没有刻意地想过，我还具有人性最初的善良

关于人生课本，我早在一场病中读到了它的史学意义

这从母胎中带来的病，它让我远离了罪恶

有多少人摸着我的额角，并轻轻地叫我病孩子
我举着目光，尽管一脸的倔强，这与床的岁月
使我的血液静止着，守候着的母亲静止着，像医院的标像

我穿着宽大的病服，在医院的走廊上徘徊
我想知道外界的真相，我想看到未来的面孔
夕阳在篮球架上挂着一个白色的口袋，我朝它挥手
孤独这一刻不能言说，时光倒流中，我像一块铜镜
我照着千年后的容颜，好在一场病，
让我遇见未遇见的自己，一脸童真的哭泣

4

两个亲爱的在做着一些亲密的背叛
向东的那一个，有着一些时代的病症，并药性发作
向西的并没有病，只是在这个时代出了状况
好在我得了一场病，并没有被时代判上法庭
一切道德和法律对于一个病人来说，好像从未听说
白色的床单白得像一本病历，署名不是我的

我的病像猫科动物，并深爱着我的老鼠兄弟

我们传达着一种骇世听闻的结局

这些日子里时间都在爱情身上浪费着，关于身体上的绝症

我无法给自己止痒。我们吃着一种上好的甘草

等着死亡将我的真相收走，并一一装入棺木

我想要的坟墓挨着她的墓碑

5

我们走着走着，就要回头去看一下苍白的月光

它像医院医生的面庞，这个一生有病的人走不出医院

并权威似的言说着病体

他们研究着我身上的病，并著书立说

我想看到我的真相，想知道我真正的病因在何处糜烂

我发觉我被钉在床上，大脑被肢解

会思想的头发，在天堂里遇见会言说的眼睛

它们遭遇了手术刀冰冷的刀锋，它们还周游了一趟黑色地狱

十八层的黑暗传说

仿佛病床上的医药器具，它握着世纪的手

那一双手把他从婴儿时代托举起来，并附上咒语

我着魔般的身体跟着一个女婴

6

我向着地球狠狠地撞击，如进入黑暗的身体
我要它完完全全属于我，并带着复仇的爱恨
灵和肉的结合，使这个毒辣的女人病入膏肓
我看穿了她的小伎俩，这个混在病房中的女人
身体里带着一种毒素，使所有病人同时爱上她
并叫她天使，她身上有一种病相的爱情

她在向着我的病体举行着一场婚礼
月光下的婚纱，把一个红彤彤的春天染上病房
我看见她胭脂下的鞋跟下巴，我们穿着水晶鞋
坐着南瓜车。好在一场病，让我们到达了故乡的屋顶上
我们数着树下的孩子
他们不是我们的产物，我们的精华在医院的学术上

饮酒作诗

1

我把酒喝成了水，把夜色当成了布
我把你当成了我，把自己当成了他，劝酒加划拳
我听到不远处的钟声响在十二点

人生有很多的不称意
趁现在酒入喉咙大声高歌，何必浪费演唱的天赋
人需尽兴，何必在乎祝福

2

高纯度的二锅头，烧坏了几个天才头脑
巍巍乎？他们望着最高的大楼，群星在开始往下掉
闪着眼睛的灯柱，有那么多无家可归的人围着起舞

人们，我于是大呼
我朝着他们走去，并高高举起我的空酒瓶
流浪的人在踢着易拉罐，白色的衬衫在半空中举起旗帜

3

啊，那么狂喜的名字
在酒中泡成了龙，我们喝下山川河流，并在手掌中得到温暖
我们流浪过的街头小巷，到处国旗飘扬

我们饮酒作诗，兄弟乎？李昊，蒙泽森，米兰
在生活面前低头，国破山河的旧事不要再提起
人生须作乐，何必在意明天去往何处

4

我泼你一杯酒，性情的浓烈和酒水的火焰在胸膛上翻腾
月光那么像酒罩，有人正返回故乡
有人在异乡以酒取火

有人在路上灵魂不肯归去

我们在城市的高楼举起酒杯来祝福，显得俗气非凡

多喝一杯吧，醉也就是在今晚，明天各自散去

5

你坐在酒中，做了撒气的天使

三杯两杯淡酒，让你不知身在何处

我但愿是你口中的剑气，直接插入你喉中，有人喊，大赦

多么不快意的事情，让我提着酒瓶在寻找

这灌入直肠的酒水，冰冷的思想，在王国的宫殿做着皇帝的梦想

前进，并奋斗

6

我们迎来新的一天，在醉酒中看着白日灯火

我们抱着冷，习惯了从容生活，并大声说我热爱

酒精泡软的头脑机械地运动

这些年的异乡生活，一年一年，看着年华逝去
我又何曾没有惋惜过
并从自身的经验中取得我的荣光和胜利

7

桌上的剩酒，像一个过气的圣斗士
举着他的剑柄，老迈又豪气
它该怎样化解我们心中的英雄情结，并战斗在明天

桌上的冷酒，如我冰冷的双眼抚摸着醒不来的梦
千杯万盏，怎敌得住英雄的落魄
他还乡，无人欢迎

8

我们醒来就是梦，昨日的豪气化成了云烟
知己啊，天涯啊
茫茫的人海啊，完成了寻找的意义

坚持，信念是我握着的两把权利

给不给予

我不相信你们所说的那一回事情，彻底算断利弊

9

我们拥有一座王宫

那又如何

重设酒宴，会天下朋友，三杯两杯

诗七分

三分才华横溢，家国上下齐欢乐

歌亦成调

明日去了又重来，不要辜负好时光

10

昨日的酒喝成了水，重现的光景

我们乱了性，甩酒杯，爬上酒桌跳舞，我为诗一首

劝君更饮一杯无

在大街上撒野，东倒西歪像自己的影子跟着命

人生到底称意不称意，英雄各有活法

我们在我们的国度

2012-02-01

二月之书

1

人在阳光下仿佛穿上新衣裳，昨夜的梦隔着头发让我的两颊
蒙上黑色的忧郁
从公园里出来，我的耳朵比我的身体要长
我从园岭新村的楼群中寻找着熟悉的眼睛。这从陌生环境
里诞生的期盼
孤单，让我的枕边放着诗集
并把一个人深彻的想念从泪水中解救出来。我期待着下一次

红花开得多么努力，邀约我的伙伴去赶最初的花期
这南方生长的地方，细枝末节都是春讯
阳光下的新墙一些泥巴亮开了翅膀，冬天投下的种子，大地
上到处都是生命
我送你上了地铁，你把我的爱情带到城市的心脏
我漫步回家，阳光下我一遍一遍梳理着我的思绪

我们要走多长的路，才见证我们的心

要有怎样的距离，才让我们的心靠得最近

我怎么生出那么多的烦恼，不被你理解的烦恼。黑暗中我找不
到答案

醒来时，我看见你的鼻子睡着，像一块冰在水中，潜伏下来的
情人

我想要你看看我的眼角纹，显得多么孩子气的想法。你睡眠的
鱼游来游去

2

二月，空城里渐渐人多，凑在一起的人群仿佛活了真面目

荔枝树在风中轻轻地抖动着飘零的叶子，想开出花来，看着这
个白色的世界

在那个拐角处，我们相遇，并点头微笑

你认识了我的笑容，仿佛昨夜来的一场幕后戏，我们穿插其中
是两个主角。人生没有对手戏，戏中的人演绎的还是自己的
角色

那黑色的夜店，灯火下的心情，加上一枝玫瑰

我们沉浸其中，仿佛美好，酒吧间的笑声不断地发出，南方的

二月气候

夜色也是调了颜色的，具体的色彩，女画家的败笔
关于很多细节都被你提出来，我只是不想回忆情和义
我独自回来的途中，风还是凉凉的

我想人生就是这样，邂逅了，又把孤独还给了两个人
为什么不是一个人在海边，看海的人依然是影子和影子
我不知道春天的红树林，有没有守候的白鸟，从海岸上走出来
的少年
头发很长，像相思草那么韧性
隔岸观海的心情，把一个异乡人的忧伤挂在脸上

3

遥远，时间隔着鸟的声音，传出它内心的尖叫
我渴盼着的春事，是一年又一年，走出内心的人们在人群中散
去了
我相信个体事物充满了莫名的悲喜，让不该遇见的人刻毒地
相爱
纠缠，并像鸦片，带来战争。我时不时地望着二月的嫩枝头
就像我们无法交抱的体温，手指燃烧出的春天怒放着玫瑰的黑

这是二月来的第一天，我们的分离就像玻璃

在天空下，不断涌上来的幸福和喜悦。背包的情人远去了，好
像流浪不会是终点

我吻着你

我所爱，我不敢骂你，就在诗歌里狠狠地抽你一回

时间就在等待中过去了，像早春中的性事，晚了两点，有人在
背后开门关门

恋爱中的男人们，变得忧伤，在一个早上，他发现了恋人头上
的白发

他先爱上，两情相持的时刻

必会取得胜利，拖着乌鸦的尾巴，我的爱莫名出泪

眼泪还来自左脸颊

羞惭，说不出的无地自容，慢慢地习惯了夜晚中的枕头

4

一个哀伤的词，好在波澜不惊，那些持牌作战的情人

必杀死。在爱中恨着，一个个体的小事物，那么长久的一生，
不要提及

走在深南大道上，我总是莫名地感到木棉花开了，像去年那么

的掉着

内心充满悲哀

一个声音告诉我，二月还远，过期的费用不要用一张岁月的罚
款单惊醒旁人

没有一个睡眠让你满足，一种类似失眠使你无法看清我的面目

紧张团结在一起的面部表情，努力并奋斗终生的沧桑

如何不变的初心

像早春枝头的嫩芽，死去了，保持婴儿时代的称颂

我实在不想去到你的租屋，看着流水像命运一样把黄昏提前
地带到我身体内

第二天，你还是走了，我醒来光着身子

白日包了我一身，你那么悔恨爱上了我，我在阳台上发着明天
的短信

关于未来，我们说了很多，关于现在最重要的时刻

过程完美

我是多么地想我们走到最后，一颗世俗之心在高傲的坟头立
着纪念碑

5

我在开始一种新体验，从故乡回到异乡的时候，我过上另一种
生活
我看见过去的情人坐在荔枝树下，他对我的咒骂，像个刻毒的
怨妇
失去平衡的心，被这种戏剧一样的人生包裹着妆容
我还是喜欢去荔枝树下，丧失道德的人，我原谅了，并祝福
我多么忧喜，宠喜一种动物，都要加倍小心地爱并把爱还给
对方

行走在路上，城市的空气中有着二月的葱茏
我时常觉得我是火，你是水，纠缠在一起相容相克，毒不可分
它让两个命运如此接近的人
关于童年，他们说了很多，我抱着她的头，心中的泪水在涌流
一种迟到的相恋，在黑暗中走了那么久，人生也让他们提前相
遇了

这是二月吗？我来不及准备书写
我把诗歌的韵脚分成了圆规的肢体。我满怀花朵并一腔琴声
我注视着窗外，一地月光它进不了我身边，这个看着电视剧的
爱人爱上暴力

她津津乐道

并对我进行分尸，仿佛我身上就是她充满仇恨的武器，在
战争必发之前

6

二月之前，我纠结一场爱情，总共下来我无法玩味
我终结过去种种，在醒来之前，我看着另一个沉睡的身体
我多么相信那就是一具活着的天鹅，有着多么好的羽毛，
漂亮得无法接受
爱，让一个人羞愧。我无法体会大爱的精神，我需要那样吗
我完成我之前，我结束时代之后

那么东门公园的事件，我相信你忘记了一个细节
在你向我说出所有的细节中，我还没有忘记，并发短信跟你
说出
为什么我变得如此地庸俗不堪
那么我们所有的相爱，都是那一次最好的铺垫
相比较之前，我更喜欢时间，我如何把两个人的事情说成
一个人的悲哀

在醒来之前

我们重复着相同的梦，无非是两个人的游戏。我对着你说，二
月开始

我抱着婴儿

持火的幸运女神，燃烧了整个城市的公园，春从二月的枝头悄
无声息

我把血液静静地放入树叶，它带着我像小舟，不定的方向有不
定的出发

7

我听见园岭新村的鸦雀叫了，远处更远的叫声，打破一个早上
的宁静

这一刻我身边没有你

我读着一本诗集，开始向身边的女诗人谈论诗歌

灵魂的住所，为什么没有人居住，所有缺少天堂的人都失去了
地狱之门

二月，我醒来的第二天，我的世界是白色的，也叫永昼

我观看着人间的灯火，我相信一场爱情，我走在大街上接受阳
光的洗礼

我在地铁口等着人回来，昔日的情人像幽灵
它阴魂不散地在世界的尽头
我朝他挥挥手，一种温暖像电在身体里

结束了，充满胜利的声音
我在这座城镇有着辉煌的时刻，挥手，拥抱，并广阔天空
生命的喜悦向着灯火做着最后的梦想。我紧紧地把自己变小
直到人们看到我的卑鄙之处，看到我的心脏循环不已，并
对母亲说
我的血液来自你，父亲么，没有这个词，伟大的效仿

2012-02-02

大地词语

1

母亲，这一刻我是不是又回到你的子宫
蜷曲得像个红色的婴儿
这白色的产床。我诞生在这里
母亲，你的血液是丰富的，你的产道是宽阔的
我哇的一声啼哭响在黎明
我来到这个世上，就像我此刻睡在你的身边
你的身边睡着我的姐姐，孤苦的是你手中的针和线
母亲，你的小儿子今年都三十岁了
他还多想睡在你身边，挨着睡在你身边的孙子
一觉醒来，我不小心就变成了祖父的样子

2

母亲，你开始搬迁着程氏家族的血脉

东奔西走

尝尽人世的漂泊和劳碌。我所记得的船只

还有大地上奔跑的火车。你用一个女人的坚韧和苦难

保护着风雨中的家

我始终像祖父一样，看着你在人世中挣扎

看着你在这个社会受尽一个女人的欺凌

我多想从坟墓里爬出来，给你说一声，我的好媳妇

你为着程氏家族的一滴又一滴血

在损耗着自己，并把自己榨干，滴不出乳汁

3

母亲，我写给你的诗歌，也给大地

看着你的苦难，我的笔也在颤抖

在三十年后，我看见，你穿着的确良衬衣的背影在秧水中

稻田的蛙声低下去了

月亮只有一半块

我紧紧拽着你的手，生怕你滑倒

母亲，我愿意是你路上的萤火，闪在草丛中
不为了夜空的美丽
只为了你劳累后归来，为着你的心力交瘁
你看到我这一盏灯还亮着，并为我准备了灯芯草

4

我走在你身边就像父亲一样在你的身边走着
母亲，我走着，走着，就走不见了
你不要在高粱地里去找我，我只是在麦地找父亲去了
我看见麻雀在父亲的坟墓上叽叽叽地叫着
司马草长满了我的腰身
母亲，我是醒来的时候就没有看见父亲
你睡着了吗？我是那个你一生都不想爱的小儿子
贪吃，想要吸干你的乳汁
我是你身上甩都甩不掉的肉，从你身体落下来
就要叫你妈妈，并在大地上行走

5

母亲，你把我嫁给了别人的姓氏
橘子树开花的时候。这隔着血和肉的关系
粮食和土地，饥荒和羞耻。我无法弄懂
我过着一个穷人家孩子的生活
我童年的记忆就是小学校
十几元钱的学费，穿开裆裤的孩子
胶鞋上的泥巴，冻得发红的双手
弄不懂的数学，被老师罚站的耻辱
我从桉树下跑过去，再从田埂上跑下去
我站在河水中不知道命运来临

6

你的儿子。这个家族的最后一滴血
在写着一些干净的诗，并在大地上用脚印丈量着灵魂
大雪落下来。母亲，雪花是我们冬天的棉被
厚厚地遮盖着土地，还有那么多没有棉被的孩子
都拿雪花去做枕头，并安慰他们吧
母亲，苦难不只是属于我们的

在人心看不到的地方，有人像狗一样生活
他们还不知道，做人到底是怎么回事
没有思想，只有日出而作，日落而息
这人心看不到的地方，在大地上发现一些耻辱的词语

7

母亲，我来自你，就像我来自大地
这生生不息的生物链，却来自我们的血液
你生育的孩子都受尽苦难，那些受苦难的孩子
你都把他们领到家中
用你干瘪的乳房喂养他们，我叫他们为兄弟
我们生活在一起就叫做家
展开来，我们是万里江河，一幅壮阔的地图
这些高粱，大麦，黄豆，酿成的酒和血液
这万千的手挽在一起，走过大地的每一寸土地
让陌生的人熟悉的人都来到，像一个国

8

为什么我还有泪水流下来？母亲，你给我的眼睛
除了观察，它还有感动
这些百感交集的年月，我们日复一日地向故乡走去
我们的故乡在哪里？它变得不相识了
这候鸟的命运，我们从北方走回南方，如此往返
走不回我们的故乡
母亲，你在哪里，哪里就是我的故乡
你干净地躺在大地上，我做你的锄头和弯刀
像我小时候一样，村庄还是被麦子喂养
被大地收割的土地干干净净

9

母亲，让我回到你的子宫，做你永久的婴儿
我还来不及在大地上做一个居住者
被血液充沛的国度，它需要我的证明
证明我是一个良民，可以穿过禁区而被囚禁的牢狱
我做你的孩子吧，用你的肉体给我养料
养着我的骨头，把我从幼小的生灵培育成强大的生命

我还在大地上行走，只因为我是你的孩子
如此自由的国家
走着你的孩子，走来的孩子越来越多
母亲，用你大地的胸怀去原谅幸与不幸的年代

10

仿佛只有天空知道，它有明亮的眼睛
黑色眼睛将告诉你的，我也要告诉你
红色血液流着的，也流着我们的宗脉
这黄皮肤的人种诞生于母亲的胸膛
大地上干干净净，像被天空打扫了一般
大地上的脚印到处都是母亲们在走来走去
她们要叫回她们的孩子。这大地上的母亲
她们不知道，她们的孩子成了大地上的尘土
她们找来找去，在大地上找来找去
只有天空知道，天空把大地打扫得干干净净

自画像

1

（我要的是自由
要的是爱神，除了这一切
我还有欢乐可以歌颂——）

2

我的鼻子使你得不到安宁
它是森林和湖水群魔中的怪兽
用什么颜色你是知道的
我喜欢的是黑色和白色
黑色是我的皮肤
它的气质像墓前的大理石
白色的胜利等着自由的欢呼

你画下了我的眉毛像山峰

像两颗星星照亮寻找真理的行程

他把画笔交给我

调色板的五颜六色

把诗歌和和平把清泉送给我

我还得到一颗吉祥的橘子

它包容下落日和我的胸膛

我要怎样把自己画得更完整

我的神经系统是不是坏死

我是不是有了战争前的失眠症

我的嘴唇卷起的风暴

有一只蝴蝶扇动着翅膀

洁白的牙齿是用来早餐的

它可以嚼掉骨头和奶牛

3

（我带来了时间和水

大地上就有了鲜花和沧桑

万物的姿势降下它的本相！）

我吃掉上帝给我的早餐

我剔着牙，把早晨吐出来

时间产生的利润像草莓

如果还有糕点，请你给我画布

我终日活在它的天日下

我还是我吗？看看被漫画过的面孔

有着浮雕般的艺术

我的面孔如此精瘦像原始的人兽

那使你颤抖不已的胆汁

涂上黄昏的颜色如同树叶

被你油彩过的肝肺

颜色太多了吧！小样画家

我需要血

需要它的鲜活需要脾胃

我不懂艺术，别跟我谈灵魂

好的，你说到灵魂两个字

你不裸一点还有吸引的眼球

是不是我要打开身体

你才有兴奋，才找到艺术真谛

不要伪装了，你来的目的

我一眼看穿，你还有什么好活

5

（我确实听到生命在歌唱
他画活了我在人世的孤独
人间的喜剧在上演）

6

我还活着尽管经历了苦难
看看我的双手打上的茧虫
它们像一只只蚕子睡在产床
曙光等着它的诞生
我曾经让你如此惶恐的躯体
有人把它当阳具崇敬
我敬仰的雪山丛林的太阳
被供上灶台一样献祭
我可以种鲜花在那上面
把腐朽的木头燃烧起来

谁给了我一盘幸福的晚餐

谁就做我的王做我的妃子

我原本是你一样的血液

小画家要画就画我的血液

人类的血液没有尊和卑

谁是珍贵的人就是人的本身

你给了我一双雪亮的眼睛

尽管你用最灰暗的泥水

我看着人间的喜剧上演

我爱上了悲剧色彩

7

（死亡，死亡组出了一幅图案

不朽吗？我没有想过

但是，我是你们的祖宗）

8

你哭的是墓草和墓碑

从没看过我的自画像

尽管我是一个不合格的画家

这里睡着的是一支铅笔

你的泪水是为谁流？

为我在世间走了一趟

是为我送给你的刀

我画下的是一颗尘土

随着车轮碾出灰烬

月色正好我在树枝上

我的灵魂是睡着的蝉

有一个人正背对着故乡

转过身去努力朝前走

但他留下来的背影

还有爱和诗歌值得贡献

还有乐音的流泉流着

落日的凄迷荒草的茂密

一个人的财产就是贫穷

你说我留在世上的诗歌

那是对的，一个人的悲悯

9

（还有自由可以歌颂

诗歌吗？哦，长歌当哭

我还有，没有完成的肖像）

10

我还没有画完我的肖像

我画了我的魂

画了我的心脏画了我的五官

被贴上了自我标榜

我是要画下我的四肢

要用来行走和反抗

如今我画下了死亡

画下了我的坟墓和墓地上的落日

画下身旁的涛声和松竹

对的，我的思想还在行动

用它的四肢和理论

不要喋喋不休，批判者如此说

我用了一盘没有吃完的剩餐

用了最后一顿圣餐的餐具

我想自己来点自我评判

这样够折腾，你说

沉默吧，清高都是你装的

把我的鼻子还加点褐色

我想我可以画完自己

我自我完满，接受所有的讽刺

上帝来到身边敲敲我的头颅

咖啡馆

1

今夜我有一些爱与诗歌

浓浓的咖啡是上帝的咳嗽

我提着琴　幽呀呀的夜曲

仿佛离我而去　不再分离

我不再扮演人间角色　只因为我不再做人类

做人类很轻　还要享受海水和夜莺

一朵玫瑰在咖啡里睡着了

我得把它唤醒　与我一起幸福不已

她就坐我身旁　泡着茉莉的花香

我看到胭脂　她给自己画下肖像

我的身体在沉睡　看不到的身体得了失眠症

我要的是　我身体里躲着的野兽

我身体里开满百合

你来我身上居住　它是一座岛屿

是群魔下去的地狱

这样的音乐好轻

我的思想放出贝多芬元素

月色比露水更加说出藏在身体的秘密

如果是一座火焰　那么就有一座雪山

世界多么的对称

抱怨是时下的一大绝症

让死亡提前来到吧　人间有太多需要归去的人

回到　不是天堂　不是地狱

回到需要的尘埃　雾水　没有那回事情

我顺着这条路走了好久

2

我坐了整个下午等着上帝把我喊回家去

上帝路过　我爱上了上帝

三首诗歌被我带到人间

我看惯了　最后活得不像人类

猩红的咖啡摇曳着烛火

我凭着人世间最后的光亮　把打火机打上

照在墙上的影子

是不是我另一个我自己

是不是我在寻找另一个世界

生活在月球还是地球　反正够我生存就是了

他是不是我另一个自己

在数着手指　一共是十个手指

还需要反复地求证

我睡在他的身体里　安宁的自己

他是我的化身　还是我前身的征兆

我看见了夕阳　烟灰在我手指间渐渐熄灭

他有玫瑰色的眼睛　蓝色的湖光眼神

那一刻我看见上帝的儿子

正在朝圣路上　我看见天使的翅膀

我还是一个人类嘛

生命轻如一匹坐骑

你想去哪里都能看到沙漠

既然你插上了那一枝玫瑰　何必浪费

把它当一枝植物

它可以燃烧　火焰从你的眉毛到唇膏

3

我并没有回去我坐在清晨

我做了血奴　上帝并不存在

我搅动着咖啡　乳白色的曙光

它静静地来临　带着牧牛人的闺女

尽管我不做人类

人间的烟火并没有被人类的忘情熄掉

多么安宁的清晨　可以盛放一只瓷器

我看见她的眼睛是江山

我还爱不爱美人

爱不爱人间的花朵　爱不爱社会大家庭

你要给我一座炼狱

人世间就有很多好小鬼

他们还要学人类　戴着帽子和玫瑰还有海洋

学着黑眼睛的肤色

把人间的人学一遍

他发现人正走在他们的路上

把一个清晨就送到炼狱的火中

我们的清晨正在燃烧　烧起天边的云朵

我慢慢地翻着书

发现世间的真相全写在这本书上

我弄懂了人类

发现了他们新的语言

人间正需要一个清晨　把许多的小牛放进我的身体

把你放在我口袋　慢慢穿回我的肖像

我们赞美爱　我无处去悲伤

4

中午的时候太阳落了一窗的玻璃

这个时间人类都在睡眠

我坐在诗人和诗歌之间

要把一支铅笔削出哲学和美学来

一切艺术之上

称为一切　我把它称为世界最好的诗篇

羽毛　箭壶　猫看了我一眼

我在歌唱些什么

我一边回答　一边放下诗稿

我需要有一个人看上我

仿佛就他懂　这个时候我不相信上帝了

我哭出来的时候　我洞开了世界

我笑着的时候　我已经看完了荷马

我坐在这个小小的咖啡馆

就是一座宇宙

我看见我的爱情是骑着六月的马

八月的灵魂带着弓箭

它慢慢下了山坡　没有射伤时间

时间就是个美人让你泡

我想我的诗歌都是为这些美人写完

我的身体都是这些美人生下

一块属于上帝　一块属于地图

最后属于我的还给母亲

死亡，都不肯给它

这个时辰母亲喊我回家去

百合花的挽歌

1

当百合花在山上开放

五月的天空布下哭泣的大幕

我祈祷着，并且年年给予远去的灵魂哀悼，放一枝百合

那百合的中心有着一个故乡的人——四川

我给你垒下星星的祭坛，那铺上红橘的皮和紫云英的亡魂

我何时归来，面对着焦裂的故土，破碎的星斗

我还能够吞声，给百合花唱上这支哀丽的挽歌

2

今天我们都是四川人，今夜我们都是汶川人……

为着远去的亲人

我们能做点什么？我不断地拷打自己的灵魂

叩问大地？你何以如此地演绎悲剧

啊——你让我冰冷三尺，我的百合花在哭泣

啊——你听到了吗？我的百合花，圣洁的哭泣。五月的天空

我看见我的百合花，远离栎树和枫盏。那在他身边遮盖着的

乌云

翻滚着，凶狠地摔下毒鹰，在悬崖上

3

靠近农田的地方，我们的百合花开放。就盛放在你们的墓前

爷爷，奶奶，爸爸，妈妈，孩子

每一盏百合花点亮你们去往天堂的路

风吹着，我们百合花的灯笼，照着茄架和榆木

我们去到天堂就是天黑

大地还在不断地发怒

我的百合花啊——愿你是一架神圣的灯

劈开大地的罪恶

4

我何以要唱这首百合花的挽歌
一支滴血的歌

那从废墟上来的箫声，穿过黄昏
一支凤凰再生歌

（靠近百合花的坟墓，我的母亲挣扎着，求生的意志
她要看看她的孩子……

吞掉她的泥流，在她身上压着的大石。妈妈走好
去天堂的路更加广阔）

5

今天，你，我。在深圳。中国的整个版面
百合花还没有回来，在五月的胸脯上，多少失声的哭泣
默哀

五星红旗降下，地铁不再鸣声。我的百合花的衣襟

牵着

一具具躺在大地的灵魂

他将永远听不到百合花的歌唱

魂兮归去

　魂兮归去

　　魂兮归去

那撕裂的杜鹃把血吐在亡魂的身上

6

亡魂走在废墟上

亡魂走在草丛中

扑扑闪闪的萤火虫

明明暗暗的白烛

每一个亡魂者都要佩带百合，燃烧的百合。每一个生存者都要

唱一支挽歌

离废墟很近，离我们的学校很近，离我们的课堂很近，离我们

的书包很近

有的打亮了火把，温暖亡魂

有的擦亮了火柴，照亮亡魂

有的高举着星辰，送走亡魂

有的擎起诗集，逝者如斯夫

他们毕竟去了啊，来不及看亲人一眼，来不及把成绩单

交给爸爸

7

我要把我最圣洁的百合花献给你们

我要给你们唱最哀丽的挽歌

我还要摘下嫩绿的枝丫表达我的哀思

我还要谱下哀伤的歌

在百合花铺开的大路，有我的挽歌

悲怆的歌，那些泪水化成了音谱

大风吹着，伤葬的乌鸦，在两米的地方

不肯栖枝

大风吹着落日
天空大幕

8

啊！星辰在坠落，向着四川的大地落下
如今我明白我的母亲为什么灾难深重

我的母亲还要走很长一段黑夜，沉默的黑夜，响着大钟
苦闷的大钟，你撞响吧。用我的百合撞响大地

阻止河流的大流吧！
阻止天空的一次大破吧！
阻止大地的撕裂吧！
阻止大地的塌陷吧！
我们的眼睛习惯了接受光明，驱赶黑夜

在百合花盛开的故乡
斜插进大地的一声怒吼

完了，我也倒下。我的躯干倒下，从此不再起来

去举起黑夜中的百合

我将带着万魂走过废墟的刀口

9

走吧，去天堂。在深渊的路口
我们结伴，涉过溪流，繁花复锦。去天堂的路不是很暗
我们是一家人，失去亲人的一家人
我们脱去紫云英的血衣，我们戴上百合花的珠玑，擦干泪水

10

啊，我该怎样来寄托我的哀思？
我要写怎样的诗歌来送走我的亲人？
我要洒露水和百合

在废墟旁也会开放出百合和五月的高空
逐渐沉下的落日，黄昏把大石染透，一个灵魂裹着灰色的烟幕
那焦渴的眼神连同落日的熔金潮水般把钢筋淹没

生命的蚂蚱被砸破的星斗压着，枯焦的大树给他回答什么
我们权当这是我们最后生存的废墟
对着明天的蓝天留下诸多的爱和遗憾
以及青草，放牧在青草下的大墓

11

我们留下来，为死去亲人的灵魂
在废墟上，看那，开满了紫罗兰和百合花
有着美丽山水的四川，以及闪光的森林和河流，群山合并
我们的亲人魂兮归去

今夜，月光一次大照。看啊，那么白的月光倒泻下来
有三千丈长
我们还能够睡去吗？沉痛能够消失吗？这白的纸黑的字能寄托
我们的哀思吗？
天堂的哀歌，百合花的挽歌
我的眼睛垒着高高的坟墓，五月的夜莺
在我荒废的头发唱着

12

一切照耀，月光把百合花照耀，哭泣也没用了
从废墟上走失的灵魂，披满松枝和桑麻
夜已深了
诗人在睡梦中哭醒
他为着不敢睁开眼睛　他的眼睛就是天黑
他的诗歌就是泪水，他的心就是祈祷，他灵魂的故乡——四川
一个不倒下的民族
一个不倒下的中国

13

我走在废墟上，我听到灵魂在高声地唱。悠远而绵长
在废墟上仍然有着课堂的读书声
有白鸽降落在废墟上的哨音
有人打着灯笼在风雨中敲着断裂的桥，我小心地走着
找着苦难的母亲的木箱。五月就要走了，过了汶川的上河
我无限热爱的母亲您一路走好，走过鲜花铺满的峡谷
在那里你忘掉你生前的灾难
在那里你没有烦忧

在小时我多么害怕你忽然地离去，常牵着你的手，走过田埂

蝌蚪在稻水的中央

那时对死亡充满了恐惧，对生命多么地眷恋。那时我抓住河中

的稻草

那时我牵着你的衣角

妈妈，灾难深重的妈妈。如今死亡充满了诱惑，像葡萄园的酸

葡萄

妈妈，我什么都吃不到了。我走在废墟上，我怎么也找不到你

身前的木箱

灾难像乌云在天空不肯离去

天，你夺走了世界上我最亲爱的人。乌云为何不肯

乌云使我懂得了死亡

乌云夺走了我的诗歌和桑木

我在废墟上走着，是黄昏后的小女孩认出了我

她给了我失去亲人的双瞳

她从废墟上采来最后的百合花

她对着我唱着死亡的歌

我将之永生!

我是唯一留下来的幸存者!

我是那个死亡都不肯要的灵魂!

我走过废墟,青草在废墟上生长,风吹看见牛羊

我走过瓦砾,百合花在瓦砾间开得蓬勃

我要给他们唱一支哀丽的歌

我要给他们唱一支挽歌

我要给他们制作玫瑰的花圈

我要给他们写下这一支诗歌

我要给他们背起新的书包,返回重建的学校

我说大地重合,大地就重合!

我说天空不许流泪,天空就不再流泪

我说山川安泰,山川就安泰了

我写诗歌,诗歌就为他们安慰

我洒露珠,露珠就给了他们渴望

我唱歌,歌当然是唱给他们

我年年在五月，在我的四川，我要寄上我的哀悼

我年年在五月，在废墟上，我要给他们唱上挽歌

当百合花在庭院开放

我的亲人们啊！在庭院你看到开放的百合，它们像巨烛

燃烧着五月的高空

2008-06-04

崇高的沉睡

如此沉睡的母亲，在孕育着山川，河流

我在时光的背后

纠结你的繁殖。你一马平川的稻田，一望无涯的橘子洲头

你生下我们，把你的精血给了我们的骨头和脚趾

我在那个村庄和你沉睡到少年，以后的天涯和山岳

多少世事都望不穿

你爱着的那些，恨着的那些，爱恨交织着你的身体

你只有如此沉睡

才容易醒来。我赞美过你，天下所有母亲都得到了赞美

这传统下的女性像大地一样到处繁殖

在阵痛中，复活的可能性

你复制了时代，那些耻痕，以及措手不及的家庭伦乐

窗台下你也种过花

去年冬天的季节都开了，妖艳的一朵，不可一世的

这些失去父亲的孩子，在黎明之前

守着母亲的沉睡，他们同母亲一起破碎入梦

到处繁殖

这些人间的根种，粉红，到处的桃情李爱

远去的烟花，寂寞中的孤独，孤单的身体碰到一起

我不幸的诞生，混沌的开初

天和地陷入黑暗的深渊，不幸的时代，母亲如此沉睡

这阵痛中的分娩，我生出了另一个时代

它有它的君王，一早起来，就是看鱼，并得到鱼食

并杀鱼祭祖

这些远古的时代，与我现在的生活无关

我走出南山，走出关。巍巍乎，大地上跑着一匹白马

手捧诗书的人，是唐朝的我

穿越时代的地名，一个独在异乡的亲人，我如此去怀念

在还没有醒来之前，我沉睡得如我的母亲

这醉生梦死的睡，朝死里的睡

让我忘记今生的姓。我怀揣着性别的男体

靠近母体

我不愿意醒来，是因为长睡让一个人忘记了时间

把泥土涂满我的脸

涂满我的嘴唇

我浊世的躯体，常年的嘴唇，血液中奔腾的长句

挥手，并说再见。在我还没有醒来

请停止和我说话，我沉睡得如我的母亲

我的父亲长睡不醒，走入黑夜的另一端
完成了一个家族的躯体
这刻着我名字的家谱，在水中像一轮月亮
那砍不倒的桂树，那经年不去的去年人
让一个时代潮湿
我生在这个人世就是睡着的，这么长久的沉睡
并不是代替死亡
黎明来临，曙光无言，死亡的鬼在打着瞌睡
白天让它们惊慌，它们在人间的罪恶
足够它们躲避不及。我继续沉睡
我睡了过去，一头的白发和青草，不愿意醒来
从我诞生，这种命运

婴儿称颂

我称颂过婴儿，并得到他小小的灵魂

从母亲之手到父亲之手，这么多手的传递。一个毫无趣味的
世界

在言说着。黑白不分，声音不断提高，五光十色的天地

如此拥有一个婴儿的躯体，支撑着，大地的影子在来来回回

到处是小小的环球，滚动着小小的精灵

脆弱的生命是上苍的恩赐

在一张床上，婴儿黑白的眼球，传达着君王的冰冷

不要跪拜，只是祈求，相信人间的爱和烟火，婴儿

的脸上，有苹果般的和平。这是盛世，开国来的唐诗

到处都是传颂。称赞婴儿的时代来临

这单薄的灵魂，像一张白纸那样

骑着白星撞着国王的坐骑，并昭告天下

天下大赦，从此没有牢狱和镣铐

这自由的国度，我们都活得像没有身体的鱼

在大海，阳光，贝壳上得到快乐

并永恒，长此下去。空气中的甘草香，屈原领着三千唱诗的儿童

在集体称颂白天

一个婴儿高举着秋天，走过国家的领土，他胸怀的愤怒

像结下的葡萄

我的婴儿，因为你小小的灵魂，多少躯体匍匐在地

这些是你的亲人，他们为了你跪拜香火

从莲花出来的婴儿，穿着荷叶的衣服，流通着的呼吸

如河流在奔流。这从时间诞生的骨肉

你的家国，在洁净的气韵中你睁开了你的眼睛

并看着这个世界。欢乐，欣喜，高兴

它们如喜剧般

一个婴儿在死去。另一个婴儿来了，他们在诞生

在死亡。这是什么地方，什么角落，什么样的省份

上帝的双手托起婴儿小小的骨殖

它把他送入贫穷人家，给他命运，给他流亡

给他耻辱

给诗歌。他拿天秤称出只有三两的灵魂，白纸一样的哭泣

谁在葬送着小小的躯体，谁就在流泪

称颂，婴儿时代，让我如此地纯粹

在污泥中的灵魂告别母亲的主体，没有父性的家园

风中的灵魂，它不肯长大

紧紧抓住童话，面对着家门口的水

从此以后的漂流

写信给陌生人

我的婴儿，你忘记了身上的胎记，这从母亲身体上的烙印

我在回答世界上的话题

我能替你开口说话

我能不学一回哑巴

我还学着你的样子，一副嘴脸单纯。冬天的黄昏

排着大柏树的秩序。我称颂小时代

乡村酒馆

我心所纯粹的

在河流的内部，我归来，并做着明天的样子，徘徊在中午

时分

我敲响了心爱人的祖国，种下大麦

可以饱我皮肤的家乡水，我日夜思念的乡村酒馆

烂掉的三根石柱，流出黎明的酒杯

我喝着乡下酿酒，等着她在酒馆的笑容

墙角的杜鹃花，在午夜呜咽，乡村的二胡

拉着破烂不堪的夜晚，她的笑容没有在酒馆里出现

我的灵魂守着一个空空的酒瓶，透明的玻璃像我水晶

心。谁在拨弄着，这银色的声音

我瑟瑟地抖动着，离我远去的，只因为消失于幸福后

曾经伤过我心的，像一把琴

给过我幸福的，像我手中的枪支

玫瑰腐朽在酒杯，老掉牙的钢琴在石上流

午夜，酒是我唯一赢得忘记

这旋转的木梯，旧唱片，时光机上的年痕。一个悲凉的背影
我是露水猫头鹰，耳朵缩小
我听着酒馆外的马蹄声，夜色冷了，一把刀在酒色中荡漾
有谁在为我送着风雪中的信
这中国的夜，刮着风雪的头发，那归来的人和我的模样相像
这一个我，坐在我对面，如我饮酒
像一个陌生人。保持着温度的距离，并小心藏着内心的忧愁
我看见他脖子上的头发掉在杯子中
像不肯化去的枝条，抽象如一个生词
我向他举举酒杯，他的唇边是多么好看的绒毛，单薄的孤独
绝不是酒
我拥抱着他的身体，并叫他兄弟，左手抱着右手
如恋爱中的穷人。只是一味地喝酒，外面的夜色露白
我腹中很空了
酒在腹中，兄弟在腹中，夜色中的三把剑深深刺入酒杯
二胡声
开始在酒杯流淌。酒杯中的森林，麋鹿对我微笑着
红嘴的鹦鹉，小白兔在我酒桌上迈着步子。我够了，孤独！
我够了
酒在我的身体里
它火热，乡村酒馆的夜，像一匹红绸在我身体里燃烧
它冰冷，像绝世的遗骨

它们如此不相干的相容，像不可能的情人

我听着酒馆外的夜，有谁在风雪中归来，并做我的我

一个被人遗弃的孩子

在听，他的身世和我一样，皮肤的各种颜色

头发，衣服上的纽扣，如狐狸样的表情，同样是猎手座

他的感觉我如同身受

他的眼色，在那个出生的日子我们都有同一种颜色

区别世界各个种族的颜色。他站起来与我告别

我怎么可能经得起和他离别，我碰翻了酒杯，酒在脸上

湿了

啊，二胡声

不要太悲凉了，我已陷入悲伤的命运

我必须要同自己告别了。

我选择了在他离开的午夜，乡村酒馆还在，我告别了自己

幻听者声音

我们把孤独还给了孤独，并不说再见

这世界上的声音我失去了，幻听者的面具使我双耳盗火

我走在冷冷的大街，黑夜笼罩着，薄薄的命运在我身后紧跟着

我想着远方的那个人

近日来感情泛滥，使我做了被人逮捕的野兽

我恋爱着猎人，持枪的森林有陷阱落入

让我返回吧，途中的风景还是一样，不过是昨日忧伤

换取了眼中的睡眠

我醒来，看不见，也摸不着。我放在床上

我在静夜做了一首悼词，给那个我爱的人

他下落不明

在我不愿去到的地方。我快要失去声音了，两耳塞满了棉花

想着近日种种，忧心忡忡，高大的木棉树保持着枝干

那近乎冷漠的世界我走不进去，它隔着我的躯体

并让我返回途中

我看见另一个自己，坐在家中，他沉默不言样子像黑夜的脸庞

闪闪烁烁

我想我是听不见了，生活的哑巴像剧场的道具，我们分别饰演了

角色。我是多么认真的

我们把脸谱放在中间，那些年的分离今天也在重演着

我们不过是把昨日饰演出来，把白发和皱纹弄得满脸

把牙齿掉光重新来过

我听不见，看着你的口型，我想你告诉我的我都清楚

因为我有了泪水，何必哭着向河流走去。一路上的奔跑

雨水淋湿了的躯体，在医院里遍布伤痕，裹着风衣，看见你在

陌生的镜头

我听见了吗？你给我的回答，我内心的询问

我都失去了

走在下一分钟里，我们都没有回头。来不及了，我们都错过了

看鲜花的季节

我失去了这个世界的声音，我拥着你走过地下铁

我想问你敢不敢

敢不敢这样走到城市的中心，把心脏的疾病灌上音乐

酒在我们身体中冷去，像一场冷水，把我从城市的马路上抛弃

我爱，我将面临

我在做着一些徒劳的挽留，我听不见，我能感觉你在告诉我

什么

我一下子失去了所有

你让我怎么走出我设计好的地狱，我在大地上做的是一个哭相

眼泪对于我们像被榨干了的果实

这声音在我身体里游走，像水在暗处，我们就这样面对

生老病死。我们还相信什么是真的，不要不理我，不要假装睡

着了

我进入你梦中的那个人

一下子失去了声音，我听不见你在说什么，说着告别的话吗

我们又何曾聚过，戴着一种从不相识的面具，惯于冷漠

我走在这条大街上，身体逐渐在冷去，我抱着自己并说孤独

我真的听不见你在说着什么，我的两只耳朵的门关闭

它对着人群小心翼翼，并遇见那个未知的你，和你走出地下铁

你想要一种植物，我给了你一座橡树园

我们种植了忧愁

我们隔着两个世界在说着话，我听不见你所说的，但我感觉

到了

我们生活在另一个地方，

我们生活过的地方

并终身寻找。我承认我的命运，薄薄的摸得到

相比较结束

该结束了，城市里走动着的人群挥着一片手，我的告别就
是歌乐的世界
是冬天了，我假意惺惺挥动着枫叶
我要选择太阳离我很近的地方
我走向哪里才是我要寻找的故乡，我的出生地么他比我面
目苍老
我骨血流出的宫位。关于我那个母亲，我早已经和她说我
前去了
我又何必迷恋她给我的白色口袋
时代，结束了
流浪，只有流浪。在椰树林，我看见白色的鸟穿着胸箭
上天，为什么这样，难道生下来的烦恼不够多吗？还要我
戴罪前行
我又有何罪，我只是个异乡人，走着走着就不见了
何必在意我的身份，我只是大地上的一个灵魂
他的冰冷，比骨头还硬。我顶着额头如太阳的光环

我要寻找我的世界，耸立的山头，破碎的河流都暗喻着我

过去我生活不幸，像种种遭遇我都得到

一天黄昏，我把爱情抱在怀中

我又何必去挽留天涯孤舟，我挥动着手，衣服鲜艳的朝向

苦难的避风港

我告别我所爱的城市，钟声响了

酒留给了昨夜人，那人在酒中徘徊，字字如离别

我必须把自己埋葬好，在我还没有死亡之前，我已经到达

了目的地

给我三十三个天使，我也要离别

给我三十三个魔鬼，我也要爱情

我受骗的心，还在乎时间的计算吗？善良对于我来说我

得到的礼物

缤纷如彩

不要伸出你的友谊之手，我需要的不是这些

关于新时代，我不可能就会迎来黎明

现实生活对我的打击我都能接受，我咬牙切齿，在生活的

地狱

我过着穷苦人的哀乐

然而这些都要结束，我陷入自己的悲剧，我自己的悔恨也

该收拾起

我们都装进白色的口袋，这一刻我还想我的母亲

我该是一个孝子在她的身边，她也执意挽留我。前行

方向不确定，在故乡的山坡上，战栗的鸦片花

黄色的蝴蝶

都是我要寻找的悲剧。我是早结束了童年

何必在意温暖。我双眼冰冷，四肢麻木传达出来的孤绝

向着未知的时代挺进。肉体的搏斗，精神上的战争我们还要

继续下去

我不可能背着道德这么个苦刑具

国家的土壤种植了山川岁月

这布满花朵的国度，我得到了鲜花

蓝色的天空下，灵魂在书写着赞美诗

我不可能做一个新时代的人，与你们共饮一杯时代的步伐

也不可能与你争论不休

我确实有过想法，关于理想，我都不愿意去实现

我心灰意冷，做一个与自己告别的人，得到的快乐是无穷时

我真正想要占有的灵魂，不过是短暂一日

我想说的是比天长地久要多，我要表达的也是这些海枯石烂

在你们来说，这些不可能的念头，该结束了

时间比时代更加具有象征。啊！我从你身边走过

严峻的白日，洞察一切真相的结果

一切谢恩，都不必了，我走在一片挥动着的手

我分别着哪些是给我的，哪些属于这个时代的挥别

我回来，坐在女人的房中，这个大时代的结束不比拥有

一个灵魂更加惬意

我何必在意自己是个什么角色

关于我，我是可以自己充当一个角色的，我喜欢现在的我

相比较结束之前

亲爱的李武英

雾在山谷里遮盖住山村的眼睛
几棵榆树在冬的岁月里张望着
在竹子林外我怀着沉重的心情
几滴露珠把橘树的灯笼打湿
你晃荡着几个半熟透的鸡蛋
一个装盐的口袋挎在你的肩
你同我一块挤上开往县城的
已经锈掉的咳嗽的柴油机车
　　县城正大雾笼罩
　　　我亲爱的李武英

向三峡医院的巴士像个不及格的孕妇
它臃肿，塞满，低矮。如一个铁皮盒
我在家乡既然像个陌生的异地人
我看不懂这个刷上油漆的站台
不知道方向在哪里箭头指向哪

用生硬的普通话问着路
我的母亲她花格的棉袄滑稽的线帽
她挥动着坚硬手指过问行驶的车辆
在这个县城她过分地表露出孩子气
　　街旁站着枫叶树
　　　我亲爱的李武英

鸡蛋在你的口袋里相互碰撞
我挎上的两个时尚背包里有诗集
你仍然是个饥饿的女儿并承受病痛
我却是个贫穷的儿子怀揣诗歌理想
你相信着命运会给你带来永生的肉体
他却要你在信奉的同时要你失去光明
你高步低步地走在水泥大街上
对着斗大的金色广告标语目不相识
我相信你心中一定有个人庇护着你
使你至今没有倒下去
　　医院的药味和护士的白衣
　　　我亲爱的李武英

我在你的身上挖着题材把它变成
神圣的诗歌，仿佛上天赐给我

我挽着你江水就在我们的身旁流啊流
江城就是这样把枫树叶变成手掌
如果上天允许我们谈一次爱情
我愿意做你的小男人和你在大地行走
我愿意弥补所有男人给你的罪恶
所有的伤心所有的泪水所有的坟墓
　　你不懂超声波和人工晶体
　　我亲爱的李武英

两碗馄饨顺着我的食道进入肝肠
一些空气和负离子粘满我们的脾胃
你计算着一碗馄饨和一碗米粥
并和面摊的老板讨价还价
你想起了你的老母鸡和鹊儿鸭
想着花猫有没饭吃和邻居家的狗
你和医生反复地强调钱是亲戚凑的
和蔼的医生笑容可掬把你压在测试仪
　　你张开双手表情莫衷
　　我亲爱的李武英

你身体重量的轻差点让我哭了出来
我佯装勾下身去给你穿上毛线鞋

你躺在病床上的姿势让我想起卷曲两个字
我替你合上被子多少怜悯痛惜在心
你向我讲起你艰苦的往昔和饥饿的年代
不提起你失去的人子和丈夫我更不敢问
你说打工时代还是让人吃饱了肚子
你预测着将来农村比城市好啊不缺粮食
　　我嗯嗯着背过身去
　　　我亲爱的李武英

你走过了人形通道你要去看看百货公司
我挽着你走进高笋塘高级的购物广场
你一脚踏在电梯上并未站稳并啧啧称奇
你惊奇珠光宝气惊艳高档的衣裤
望着价额不菲的鞋子害怕得不敢再问
对着金碧辉煌的购物广场你几乎是逃走
你望着满街穿着绫罗绸缎的男男女女
在你花格棉袄的背影后城市车流如注
　　街边跳着街舞的使你惊诧不已
　　　亲爱的李武英

医院门口呼啸而过的 120 救护车
带着病体的人们把天空的乌云都压断

落叶榕和翠柏都挂着时代的布

一家家的死人铺他们在贩卖着死魂灵

满走廊的护士在走，医生在忙碌

我看见你矮小的身体被挤在电梯里

你银光的白发从你的帽檐探出来

你谨小慎微电梯的门霍地在六楼打开

　　你问坐这电梯需要钱吗

　　　　我亲爱的李武英

手术室门前我的踱步敲着我的担忧

走廊里一个母亲也和我一样怀着同样的心绪

我无数次地祷告无数次地把心揪紧

把神经像闹钟的发条拧紧不让它喧闹

我咬着手指看着亲友发来平安的短信

走廊的母亲安慰着我我也用眼睛安慰着她

两小时后我搀着你躺在 14 号的病床上

"妈，疼吗？"你摇头，吃掉我给你喂的饺子

　　你是坚强的，你是坚强的

　　　　我亲爱的李武英

三棵高大的皂角树举着光秃秃的躯干

俄罗斯的尖塔建筑，很远的长江大桥

空无的院坝几颗星粒朦胧地照耀着

有多少克灵魂在这个医院的上空

落在白色床单的夜色笼罩着她的脸

她在梦着她曾经的爱情和心爱的男人

一条洁白的航船划过她的眼尾纹

她在病痛中显得如此的安详和均匀

远处的夜晚来临，时间在白色的床单上

　　神性的诗兴决定

　　　我亲爱的李武英

关于落叶的几个隐喻

时值两场雨水，公园、小区、大马路
那些知名和我不知名的树，落下了一片片树叶
南方，夏季了，时间好像在倒换
让人不觉走在秋色朦胧中
该给落叶一个什么样的隐喻，才能适合心境

落叶下了一地，像黄金面
我对落叶用黄金面做了隐喻
我总是走在空与无中，那种感觉
把自己的肺腑清除了个干净，带着几分夏日的睡眠

园岭新村它的幽静是荒废了
早晨来的鸟鸣在窗外，一出门，总不见鸟儿
小区的荒废到底收容了些巨大的落叶榕，把鸟儿都收藏进
去了
落叶是一阵一阵地下，像有人从天空往下倒

让人有一种害怕的颜色，我为何有这种害怕
一种微小的侵害

荔枝公园那落叶真美
不是美字，但恰是美意
千丈高的树掉下来的落叶铺出了一条条路
落满矮树丛的落叶填满了缝隙，像梵高用坏了颜色
飘到湖面上的落叶到底不像舟
恰如七分煮熟的饺子
湖面多了一层沸腾

思量着落叶该不该写一首诗，又该怎样写
它在我脑中到底是有形的
还是无形的。走到园岭小区里来
被清洁工收集起来的落叶
一筐筐收集的火焰，这个隐喻也有人用过
但我觉得激动

冬系列

冬之一

一下子裹入冬天，天空飞舞的白云铺着厚厚的棉被
人在大气压下行走，寒风吹彻
照亮那条道路的阴霾，风倒向大树的整个过程

冬之二

白云一穷二白　大地颠沛流离
一万里的天空
鹰还在上面
不肯回到故乡去

异乡的人们宁愿一穷二白
生活颠沛流离

一万里的乡愁

一火车的奔波

命运该是如此对待他们

寒风吹到一切大树　　几片叶子枯干

挂在枝头

南方的冬天

吹着雪风

从一万里的故乡吹来

冬之三

我会想想故乡　　想想大垭口的雪

昨夜的梦中有了三尺

包括一览无垠的森林

它们被封住　　我在南国的冬天醒来

身体挂着冰块

我会想想母亲　　她的白发积压多年的厚土

鸟飞回发间

冬之四

雪风把自行车女神抛弃　看着红色的漩涡在自转
我们走在一条艺术的道路上
为着生存的初衷

我们各自心中有愧疚　命运来访
敲掉我们的肋骨　等待有人提起

拯救自己吧　就像万册的江山
文学的自通
哲学的气质

把大地都落得干干净净
把自己减轻

我们敬畏文字
说不出一个词

冬之五

我们看不到悬崖　就把平坦的路走吧
我们看不到远处的风景　让春天走得更近

内心的戈壁　望不到一丈的雪峰

大风吹松　大街无辜地变成自然
在崇拜中我所神往
金色的阳光

它会从现实的贫穷，艺术，美学，巫术，民间
雪风吹着，祖国的辽阔

植物园

植物园：写给妈妈

我无法把它们来相认，在绿色中低头的风
从叶子上掉下来的阳光，在叶子与叶子间挤着的姐妹
它们开出的花朵，在空气中盛开的陶碗
在路口相迎的酒杯，一棵树与一棵树木站着
它们亲切。妈妈，他们都是我乡下来的亲戚
肩膀靠着肩膀，手挽着手，我都叫它们为种子

植物园：当一棵树爱着一朵花

我能够清楚地认出它们来，蝶低恋，锦绣团，相思抱
它们也认出我来，只是不知道我的姓名，但和我相爱一场
我会在心中，日日地走过一遍，把几年的相思种在路旁
我会说离别，也会说永远。如果一定要相守到老

我就变成你身边的树，有着万千条手，为你遮住闪电
有万千条根扎在大地，万千的枝叶，顾盼着今生

植物园：献词

尘世间的灵气，像一条烟，白色的蹄声过了缝隙
风中的忏声，跪着的花语，一朵就是一座教堂
一个花心，坐着六月的佛，九月的和尚敲着木鱼
十二月的雪花。它们开得像一月的春花，裹着枞木
我说今年涨来的春水，它就醉了一条溪头
它像二月的庙宇，正是在悬崖上开放的鹿

植物园：挽歌

白色树：我把一首挽歌送给你，这也是一首诗歌
你有着千年的风貌，我唱着你的树皮老去

悬崖鹿：风中的唢呐，把你的胸膛吹到我脸上
请你低低地听我对你的歌声，夜晚不归的人在风雪中

迷离草：你听过我的歌声吗？为着你我把嗓子唱哑了
我也没说出我和你的盟约

我是最后一次来了，为着你，我是准备了一千年
一千年前我还不够，我把在这尘世的心化成一朵花

最初的爱，给了你，我相信在阳光下打着草语
人世中还有谁，能够让我交出最后的结局

让我去掉尘土，让我为你钉上最后的棺木
我把嘴唇还给了布，留下坚硬的石头

植物园：河流

我想我是来过这条河流的，它的枯萎就是我的故乡
我怎么就有泪水在眼中，它黄色的灯草，孤立的树木
在轻风中低声泣诉的淤泥。我的确是来过一次了
至少我遭遇过一次，我要拍下快要消失的水流
我怕来不及了。站在河水上的白鹭，阳光下的翅膀
我想我是水中的鱼，身上的鳞甲，我快要流下泪水

植物园：旧有的遗址

这是我千年前写下的一封诏书，虫的象形文字
祖母的手杖，奇异的马匹，雪打的灯笼
想必那是泥土捏成的人，穿着一棵树，一对战争的金戈
以石击火，从火中取出一个氏族，有人骑牛过草滩
我想这还是一个墟镇，有着它简易的贸易
我穿过偌大的练兵场，我是这个部落的首领

植物园：蝴蝶园

穿过蝴蝶园，它们小小的翅膀，阳光下亮开
如果还有梦从这里飞走，我要说那是一个错误的征兆
还有什么会把它们的芬芳取走一份，把园子捣毁
我想它们在翅膀上拿起蝴蝶的武器
我就是它们的敌人，面对它们的美丽，抢走花魁

植物园: 红色的请帖

我恳请你来到, 你可以看出我脸上的虔诚。这是春天
我向你发出红彤彤的请帖
你可以坐在花的宴席, 看蝴蝶的歌舞剧
你可以乘坐一团白云, 有白杨插入天穹
为着不明白的花期, 错开了的白梅, 请你入席
请你喝醉, 把你的脸颊喝成玫瑰

植物园: 红肥绿瘦

增加一点, 红色的就肥了。减少一份, 绿色就变成细腰
牡丹压着牡丹, 桑枝低于桑枝

我想我还有一些时光, 可以再青春些, 可以乘上一匹轻骑
去探望园中的你

你正依着红楼, 露水打着黎明的雾灯
在植物园写诗, 把词句说得更美些, 把白桦树写出水

没有爱比你更强大, 也没有恨

你只是在皱眉，把年纪减少十岁，在季节中回到春日

只有花朵在跟你凋谢，只有花朵在跟你争宠
只有树还绿，这草青，脚下的浮木，灌木丛

植物园：致谢

我要答谢了，答谢这里的蜻蜓，答谢蜜蜂的殷勤
我只想要一片绿叶，答谢你给我一座植物园
我在落日下的请求，你给了我黄昏中的慌乱
原本在宁静的夜晚，你要把月亮托出青花瓷
我是个不知道感恩的人，临了还要去了姹紫嫣红
我要选择离开了，还有其他的事物等着我去爱
请让我最后说一声爱，一生的低迷和回首

岳阳六记

岳阳楼记

江水沿着它的屋檐奔跑着洞庭的潮声翻在它的肩

它的诗牌藏在历史的回顾中被罚的辞令在它的回廊

它力挽着巴陵隔着昨夜的星辰把远山衔在嘴角

潇湘别去我多情地站在岸上数着落日的黄金

我计算着雨丝下在瓦上薄薄的一层月光惹着它

我听见鸟声在它的一角江雾让我若有若无

船只卸下蟹打鱼的船歌在对答着我坐在江枫里

纤夫拉着盛世的繁华荡悠悠的纤绳勒着明月

如冬的暖阳我踩响白霜我的衣角扫着它的尘土

朝晖默默牵起我对古人的向往夕烟下的你不再是

你被修辞被复制我看着混沌的长江水从楼顶上来

你就是一座楼一部战争史文人骚客的酒会记

我迟到的情怀默念着你过去的城堡沙鸥低低飞翔

我是一个过客不是归人站在你眺望的石头上

啪啪啪的相机摄下你千古的传说

我此刻是个清醒者看着你的远去翩如惊鸿
在历史的修葺中你不断地拥有和展现旧貌新颜
被江水涌上来的诗和海龟在沙滩上翻着细沙
行走在夕光的碎片里我被三根水草绊倒
坐在江风里听到天涯的长歌短箫两耳滔滔而下
一滴梧桐泪打在它多年不曾有过的沧桑如索
明月的轮回中挑在你琉黄的瓦角
几千年的征兆就倒映在大刀砍出的铜镜架
我不曾看到落日在你的屋檐只听到几声鸟叫
此刻如此空落站在江边想寻找三句诗句
江水的奔腾使我寥然无味江帆过处两眼更加空茫
怀想着过去梦念着在城楼的那个角落再次相遇
我看见二十三个天使挟裹着一个囚徒
他们挥手在金色的云朵里交换过的眼泪满眶

南湖记

南湖的水把我的波鞋打湿，我独坐在栏杆下
　的石头缝中，怀着情绪

一只小乌龟浮游，划着它的四脚，望着我
我捉回宾馆，把它养在瓷白的城堡中，伴我几日孤独
　它的世界很小
83版的射雕，我怀念着女明星翁美玲，给我几日的快乐
一枝茎草挂着黄金明的诗稿。拉开落窗，迎着从南湖
漂过来的船只

夜晚没有月色照着湖光——浓郁的天空，把黑金
收藏在神秘的深处
我好欢喜，我可以在这样的晚上梦见与你欢愉
几处翠竹，长在南湖宾馆墙缝的脚趾里，想必是冬天
　麻雀撒下它秕谷的诗歌，就落在案上
我想着是不是要告别了，樟树上挂着露珠
把离愁都染着白雪——松柏
几枝枯枝，我听见寒鸦
　　　　萧萧而归
我从白瓷里，把乌龟放回湖泊，不再让它漂泊
它搅动着南湖的浓汁芦荡
匆匆收拾行李，我不向任何人说再见，一列火车
　泪水全无。是为南湖记

君山记

遥遥地对望着，此刻，我怀着女子的心情

温暖着，多情着，暧昧着，准确地体贴着

我愿你潇洒，风流倜傥。愿你风雅如初，愿你有格调

君者，气宇轩昂，著书诗歌，仰望不止也

八百里洞庭湖中诞生。你奇、小、巧、幽

我仰望着摩崖上的石刻，迷失在星云图阵中

我发现和挖掘——我徘徊在新石器遗址前

秦始皇的封山印、汉武帝的射蛟台，飞来钟

来做我的压寨夫人，过绫罗绸缎，锦衣生活

我惊天地、泣鬼神的爱情见证——泪斑竹

我扶住竹想哭，我能流下多少思念的泪水

感动着我的娥皇和女英，落日落在它的墓顶

今天我就是传说中的柳毅，藏着小龙女的簪子

无数的千古绝唱。留下我，感怀着，想念着

我禁不住览胜抒怀：古木参天，茂林修竹

遥遥的君山，如梦一般，撞着我的灵魂

明镜的洞庭水啊！托出一滴梧桐上的泪

洞庭记

细小的沉沙翻在

　　被水捧起来的礁石的岩缝里

　　簇拥着珊瑚一样的梦

我就贴在你烂掉的船板上

我听着蠕动着的潮声

　　把晚归的船歌折断，丢在岸上

　　脚步下的诗牌让沉睡中的夕阳

落下三千斤的黄铜

湖水如此粗粝，大刀砍出镜面

它显得如此的迟暮，把我簪在古船上

　　我在历史的回潮中记忆着

它灌满波风，有翔飞的鱼翅驮着渔网

枫叶坐着，梧桐的雨水正顺着它的波纹

　　滴着千年。我是它湖中的绿怪

　　抚摸着它妊娠的腹部，腹纹美丽凶险

它诞生的九子正爬在它的肩

放眼望去，它混沌的水在我的笔管

　　自上而下的。它还拍上岸来像蛇

　　把浓痰扔在我的脸上

我在它的傍晚，夕阳将落未落

我被滚上沙滩来的贝壳瞪视着
　被浪带上来的小乌龟咬着我的波鞋
一支箫穿越在回潮声里
我染着暮色，我是如此的忧郁啊
　为什么它不是沧浪之水呢
我可以盛上它，夜夜在我的白发里荡漾着
我想我的衬衣有着它的气质了
　晒在阳光下，一看它就皱了
　一穿它满是棉布似的抽出衰老
亲爱的，你为什么在暮色中带我来到洞庭
登上岳阳楼。它是一块揉皱的镜啊

潇湘记

此中自有小儿女，为谁流下潇湘去
我已经回来，在潇湘馆，茂密的竹子修长。我青布的长袍
拖着青石板路。月光洒满阶前的落叶，一层薄薄的青霜在琉璃
瓦上

温暖的壶上煮着一勺白雪，白药和香兰，雕花很深
我望不透锁在抽屉的轻愁。一笺诗稿，饱含的墨水

我是迎娶你的那个乡举状元。一阵马蹄声
你下得水晶帘来，玉露生暖，丝绸般的叹息，指尖琴舞

我们填竹枝词，把墨水的眼泪弹在竹枝上
我们乘着白驹，那些闲暇的日子，宋朝的后花园
赢了牡丹
三两只白鸭在池塘

锦被上游过鸳鸯，紫色的莲花，淡蓝色的芦苇
我们在舟子上，一阕菱歌

是离别的歌声。我望着湘水，箫声穿过黄昏

汨罗记

我摸索在它狭长的江道上追随着千古遗风
逝者如斯夫兮！他的长袍把楚辞的韵脚灌满

他洞开的眼神如一把燃烧的野火
拿什么来称他的骨骼皓皓白雪严盖着墓顶
细雨霏霏把我的头发打湿。雾锁两岸的桃木
今天我来手不曾带着香烛只有一袋诗稿
我愧于站在你的面前我拿什么样的诗歌祭拜
我的先祖呀我的羞愧并不是诗歌。混沌的汨罗
之乎也！你能洗去流在我血液的罪恶
濯清我躯体的灰尘和我带病的思想。痛哉痛哉
天闪着电，不断问，即使我葬身在你的鱼腹
我拿什么来告慰人间还爱着我恨着我的人们

你的悲痛如日月，它昭示着我们清者自清
我的悲愤如星云，我必须脱下人世间的虚伪
我是光，我必照亮。我是电，我必撕开胸膛
如果我有蝼蚁般的思想我就在垃圾堆里爬
滂沱的大雨，把我的整个灵魂放在汨罗江畔
汤汤的江水啊把我的诗歌翻在汹涌的波涛上
我的亡魂啊！你归来吧，看看善良的人民
他们在读着你的诗歌闪耀着你光芒的民族魂

五绝句

因为爱，固执地爱着

因为爱，固执地爱着
月光下的群山，白压压的雪光很安宁。一个人的散步牵着
两个人的口袋
所有的夜空都属于我，我怀抱月亮坐在鲜花丛中
拖过你的小手有露水把你的皮肤舔得如奶牛
揭开你神秘的樱桃和伤口
把世界放大，把自己缩小，把你装在我的口袋里慢慢变老

因为爱，所以爱

因为爱，所以爱
没有比蛇懂得苹果园的亚当和夏娃
我们偷完树上最后一颗果子，这果子有点酸甜。把我的

肩膀靠在你的树枝

我想着昨晚星空给我传达的信号，有一颗流星撞向地球

带着复仇的火焰

我们可不可以这样爱着，只要爱得太深，不要爱得太久

地球在你手中转动，慢慢转动，也转不到天长地久

因为爱，所以离开

因为爱，所以离开

最先离开的人是幸福的，流着眼泪的人把星空挖出奇异的玫瑰

把你的双手横在我的掌中，这时我看到你的尸体慢慢被海水和

沙滩埋葬

平安归来的人，坐在席中，守着黑夜和白天

我看着时间在你的头发上加紧发条

给我一颗火焰

给我一顿和平的晚餐，让我离开你的餐桌，饱食终日

因为爱，所以无力悲伤

因为爱，所以无力悲伤

怀抱琴声的人坐着鱼龙归天而去，我数着十二颗星星，一腔
幽怨

去年的垄上，采桑的阿娘也没有回来

用你的额头抵着我的天穹，牧放的水牛，舟际打开沧浪水

我感到你在慢慢放手，我的衣角也无法挽留你

我一回来

锅中没有碗筷。我把你忘得一干二净，也一穷二白

因为爱，还要爱下去

因为爱，还要爱下去

我拥有了星空，就拥有了白草和甘露。我受尽了你的恩赐，

我擦干了你的眼泪

那是为了你的太阳流下的泪水

我从另一个世界回来，看到你在另一个世界

尽管雾中隔着一座山，山下的农田和村庄被麻雀打扫着稻谷

直到我拥有了一条万里的江

加一条真实的河流

拟古四首，戏赠友人

巴蜀大梦，赠钰涵

巴蜀倒在铜盘，碧玉损落
一颗星子撞着黎明，我欲骑鲸长驱
萧萧巴桐，鸷鸟带着侠气
我植被而歌。山不可攀，猿声是长

苍柏是劲龙，盘桓飞渡
一颗千年的琥珀，滴下蛇泪
眉峰耸惧，眼熄灭大地
他可知，新朋旧友。凤凰来兮

一笔挥洒一川烟雨，田野盖梯
还旧梦。托蝴蝶身，破坟
信不信这迷信，巫风逐，斜阳句

跨不跨江，把神女问
巴蜀大地，三峡穿，巫峡过
白帝连着短亭，诗城水出
谁一脚踹开夔门，我化白虹而去

驾长龙，驱凤车，身着双翼
巴蜀入画。橘红柚绿，尽染乡思
兰草秋菊，揽住明月，大梦如初
一场秋赋。葵花走失，橘园闹鬼

秋气如初，赠欧阳疯

酒朋诗友，敌不过一壶大秋
小榭处，酒令嫣红，辞令如愁
恰好有人杯中泻，酒醉星宿
诗兴大发，敢把句子斗日月

慷而慨，人生错莫，赐酒来
秋气晚来收，昨夜犹记，西湖洞庭
鲤红藕白，故拟黄昏

结局是尾声。是醉，是酒
是辞令。是你把盏，饮尽星辰，
我活在旧有的事物中
是泪，是醒，是一场初梦

酒不胜酒，撒诗挥韵。醉生梦死一回
千杯秋气，如故，如初。天涯散
筵席开

菊花长照，赠巴蚕

我种下，菊花似茶，千年似风
雨水弄，她在庭院，杯不饮盏
四月黄昏，把歌弄影，明月还照
旗袍摇，一湾往事把胡琴折断

美丽的哀伤，垂粒。大地的一次恩赐
花似一尾桃花鱼，你把手问
爱情还是。秋月挽着缰辔，初照朦胧
旧日书房里，浅诗句。梦还斜阳

她长身，菊花半落。而且还
栖霞大染，黄河入海来，梦进大仓
是不是东山，归菊如车
结草为缟，还为昨夜飘零

田园结社，落了一地。枝头有谁送
说什么旧事重逢。恰是三月长箫
她的残照，旧有的，有人取走
她落身，寂寞事。菊花身后

海棠旧，赠旧海棠

灯笼，海棠红，青涩烟雨，故社垒灶
此中慢有相思句。瓶中采信
她踏青苔而上。旧纸伞，青衣巷
谁释胭脂，秋气挽着小儿女

锦书来，兰舟催。记得一次抵达
长月当照，横空托夜出，憔悴损
她的裙裾，把海棠染透
那是去年时光，阶前星落

对窗。任意芭蕉，点点滴滴
相逢何必，眉扫不比。何况
翻书记取。庄生梦，蝴蝶迷
一袭地，她转身。空镜记

后庭听得海棠下，匆匆。她逶迤
往事如钩。爱情是九月夜啊
春昼不堪，故园情结，似秋声
长月被鞭，篱笆下。琼瑶惜地

做梦集

和梦一样做得越来越好，我的生命长长的商店里
等着我花光所有积蓄，去享受贫穷之光
内卷着香烟，毫不客气的老年梦见洁白的婚礼
在钟声里，美得极简的教堂有着荒废的气息
我可以，回到但丁的天堂，不可以
有废墟之诗

做过太多的梦不过是时间留下的借据
凭空来的幻境爱一个人可以去死
听过如此多的结局，我徒劳地提出跟现实斗败的原因
生存必需的大腿上，时间的美人如此哀伤

跟梦做斗争的人除了堂吉诃德式的我
就是阿Q式的情人在鲁迅的笔下活得鲜明
有人给我打下了烙印，要去背负太阳的一生
我睡着时就是一个病人，靠月亮疗伤

我没有得到过过多的赞美，梦中也是一身疲惫
世俗的眼光来看我，我徒劳的辩解只能增加
时间搅汁机的粉碎，别给我谈死后带来的声誉
我无心种下才华，时钟在下着万年的雪

偏于爱好四十年来诗歌的产床上我出现得
非此即彼，我做梦的年龄超过了绝句
我对着诗集又爱又恨，我的艺术来自流浪之途
也写过一些悲凉的诗歌，我苍白手指上
已挥去了人间一半

钟情玫瑰又爱它的枯萎，悲剧色彩的性格
让我写出了散文之美，我的世界实在有趣
过了做梦的年纪，非要在干瘪的皱纹上
读出三句诗行，和半句谎话，被道德绑架了

我匍匐大地的样子是死亡换下来姿势
它很凄美，没有一条罪行可以拿来抵制
生活对我们的欺骗，我们对生活的战战兢兢
和大地上匍匐的蚂蚁
生命并没有什么意义

对生活苛求过什么，那些政治面孔
钱权伎俩同时依附在灵魂和躯体上，不知耻
的道德器上，出卖灵魂比出卖肉体
被衡量

耻辱柱上贩卖灵魂的走私犯运送着粮食
面包的革命军在烤箱里发明时代。我充当着
其中一个角色，沿着梦境的大道上
滨河落日的求救，所有充当自行车人

在梦中盗火吧，和我一样爱做梦的年纪
生于忧患，国家也不需要才情可爱的人建立在
废墟似的诗歌中，颂歌也不能完全推动发展
我在 2020 年最后一天，把才情的冷峻和现实的荒诞混为一谈

这也是一种拯救，用文字治愈黑色冷漠
让良心的沙漠
穿过黄色的皮肤，在亚细亚的房间，我正高歌
突然地醒来，发觉自己浑身没劲，洗着冷水浴

我摸了摸我的脸，我的老人斑在镜子里凸现
我老得不可以孤独，不可以在黄昏的下午

我摸到几何的三角上，菱形和梯形扇形一样
又 90 度的直角轮毂上

一块镜子完全打碎，一团团云从里面诞生
这像走在国家的版图上，我看任何体积都是正方形
在路的那头，我无限悲伤，挑战我的力气
一群受惊的白鸽，和平一样的一个个圆点

这时候，我梦境之战。拽着风筝线，我从失败广场上回来，做
梦的人们，胜利，它冲破了但丁地狱，黑色，玫瑰，捅破我身
上的阶层
以诗人之心，愤怒，又睡去

2020-12-30

柑橘林

梦中被母亲喊醒

惊慌中又回到村庄，稠密的柑橘林

在秋日里徜徉，一遍一遍地洗过

并没有留下秋收后的痕迹

它们沉默不语，城堡似的排成轻骑兵

踩踏在我童年的屋顶

绿色是绿色，红色也是橘红也是

橙红般的天空，我们花朵般晶莹的微笑

在母亲的怀抱故意猜不对谜语

童年美好，或曰被村庄丢失在山坡上的天使

秋天是春天的姐妹，两个天空高远

在柑橘林围绕的农舍里

我们乡下人听着果实落下的声音落在碗盘里

清晨起了一点雾

林子里像穿上透明的玻璃，蠕动着我们的人影在动

我们跟随着柑橘林，树影，山天，雾影

众鸟入林

清晨的雾投入林子投入初生婴儿的摇篮

时间的钟从红土地里敲响

从农夫手中接过来的婴儿捧着星辰和远方

绿色的果实还没有成熟但在阳光下醒来

做起了诗歌哦我童年的心灵已经被这层诗意

笼罩着，多么可爱的童年在睡梦中被

母亲喊醒，沉入柑橘林的摇篮和屋顶上的轻骑兵

家园的废弃是母亲荒废经年的车胎

被养大的孩子浑身上下是树枝和露水

他的诗歌是远方和姑娘和波浪起伏的群山

他在秋夜里被母亲喊醒回来这里

他的年龄还是童年的金色大厅

或在众兄弟围绕的房间里众姐妹们的爱情

站在山岗上内心荡漾

站在屋顶上的柑橘林是童年厌倦的轻骑兵
它们都沉默着，果实还没有成熟
众鸟入林

这是十月的天空，村庄什么也没有
只有城堡似的柑橘林只有乌鸦的歌声
只有院子里的婴儿声只有绿色的通道如火焰

丰收后的稻田又大又寂寞
草木金黄，回家的孩子和众兄弟修着墓园

是这一片柑橘林，因风而爱上围墙
母亲的孤独是她的祖辈

沉入雾水，啊，转眼而失去了山的轮毂
回到家中的孩子点起油灯他的头发像屋顶

时间在摆渡灵魂的舟车
含着泪水的孩子眼里蓄满了歌乐年华
他的心灵出现了金色

丰收后的天空，稻场金黄

可那一片柑橘林爆裂无声，果实像落在屋顶
而我的轻骑兵，带着姐妹们远去他乡

从异乡回来的囚徒
步入家中如步入天堂空荡荡的房子

童年的肖像塑在空荡荡的房间
夜里做梦似的在泥巴墙的影子上寻找木箱里的父亲
赐我以肉的必是圣者

还与我魂的是家园
像母亲一样守着的是城堡似的轻骑兵
它们在故乡的屋顶早已阵亡

被雾打湿的诗篇泪水呜咽
被天空收割的稻场泪水全无

一种来来去去的命运沿着村庄的大路
被村庄抛弃的灵魂被母亲从梦中喊醒
伸入眼前的是父亲的群山和母亲的河流
这一片柑橘林，爆裂无声的夜晚
它的果实还没有成熟，尽管回来是丰收的季节

尽管晚到了一点，尽管时间出走
众兄弟和众姐妹已经踏上大马路
果实落在碗盘里，请上了大马路的饮下酸涩的露水

十月的树枝还在树上，向着秋天痛哭吧
踏上大马路的灵魂会随着天使的马车远去
会随着命运的到来去做异乡的囚徒

向着大马路痛哭，风从围墙里吹过来泪水不干
家园空荡荡，只有母亲孤独

向着大马路痛哭的异乡囚徒
为着村庄你们泪水全无，梦中被母亲喊醒
家园空荡，内心又向着远方

走上大马路的不想回来，远方很远

回来的房间依旧有着楼梯
我站在屋顶上，是一排排轻骑兵的柑橘林
我敲开母亲的孤独，打开众兄弟的房间
把众姐妹的梳妆台擦去尘埃

只有童年的房间里才有母亲怀中不想猜透的谜语

油灯在墙上熄灭

爆裂无声的夜晚，果实落在果盘里

从大马路回来的孩子背着诗囊

只有沉默的柑橘林埋葬了父辈的骸骨

爆裂无声的柑橘林到处有果实掉落

这是一个丰收季，果实却没有熟透从枝头跌落

为大马路回来歌唱的诗人有乌鸦的声音

为异乡回来的囚徒奉上房间母亲空荡荡的天堂

2018-10-06

月亮诗

致月亮

你何以减到如此的瘦
仿佛尝尽了夜空的孤寒
月亮，哦，我不歌唱你的圆满
仿佛在人间少了情怀

我看你时，忧伤，我宁愿忧伤
当我靠近栏杆满怀的离索
正派向人间，此去的道路芳草萋萋
你正如我的母亲

或如此的瘦弱
我们是你洒向人间的信件
我们正在信里各奔一方
我们正在信里奔着文字而来

或我们在你身上流着同样的银色
有同样的圆缺供人世爱恨
供她以同样的血液像黎明的产床
一个主观的判断正迎合口味
但整体的结构摇摇晃晃

2019-08-29

致月亮

我正在窗前想，静静的像乐器
没有比这比喻，暗示我们的命运
终于我承认了这是命运
获得圆满时还亏缺

我已有了种种情感，月亮
我们分手时，只有我没有眼泪
这是我们命运的尽头
再走就是星辰，和另一个白天

暗合命运旋转的共同体

创造我们上升的银色通道

我拥有整个灵魂，被用成我的灵魂

因为你无穷无尽，轻轻荡漾

像百合花荡漾在夜空的摇篮

我轻轻摇晃，抬起人间的手指

正按灭一个个母亲的雀斑

我认识女士的婉约

2018-08-29

致月亮

也为种种比喻不太妥帖喊你为母亲

我想你也会高兴，尽管你也为父亲的天职

你用层层的银色滚动着人间的流水

我更通晓你的命运如广寒的孤独

你以人间为善也告知着人世的悲和凉

捧出一弯热血，用你最冷峻的姿态

有人会为你高高挂在天上过着冷嘲的日子

而你为了诗人，写下了半个作品

2018-08-29

致月亮

当我们的母亲
为何如此忧郁给予夜晚
只为需要众多的孩子
给他们祥和的睡眠和众多协议

然而这夜空中的疤痕
在我们雀跃的心脏跳动
它给大地回家的人更多的星辰
给人以轮毂和脸庞的粉饰

如果拥有足够多的美满
谁会在窗前眺望月亮
假如心中填满忧郁的母亲
它有你阴晴圆缺的经历

人间烟火生出种种别离

我会听着月亮敲碎夜晚的声音

很轻很细会使我着迷

我像孩子一样被教育

如同大师的画作

占据了空白天空的走廊

用玻璃做的材料

产生了距离，我用了材料

2019-08-31

致月亮

如果我有了足够多的圆缺

今夜我心如月，用我异乡之心

换得故土月明，还给故土漂泊

如河流，只因为望了一眼故土的圆月

为何月如异邦般的清晰

暗结着母亲的失眠之夜

我曾是那叛逆的知情告密者
请回到月亮祭奠的花丛中
我依然如故，即便遥远如途
如花丛中的月亮像烧白的水流

请接受我在花丛中的一拜
座椅的设计刚好把位置占据
你用尽了所有的修辞
都没有讲明白月亮为什么这么白
记住了残缺，处处都是

2019-08-31

致月亮

我正想着抽屉，转眼变成了盒子
是打开的盒子和折叠的盒子
两种方式都是可以进行的
今夜有人进入我的房间

今夜有人趁黑进行盗窃

有谁的情人逃走，像东方女人
摸着月光偷走了李白
我梦境中的笔，写下露如霜色

我们进入了神的遗址
花神的梯子搭上了天堂的阶梯
我房间的月色，无法残酷
来对待我们的人生

未来，不过是找了时间的借口
一贫如洗，没有宏远的计划
只要挖着月下的深渊
越挖越深，生活无他意

2019-08-31

致月亮

致李白一轮精致的月亮
将桂花树酿成酒的清白的地方
所有的人都将回来居住

为没有关联的存在内部保持着空白

把孤独当成黑夜上升的深灰
没有修饰的痕迹荡漾着的玫瑰灰
燃烧而过的碳素混淆了的灰色
变灰发空虚的诗人

从侧面来看月亮的圆缺
在我们偶尔得到团圆而消散的生活
过程培育出巨大的悲剧
像李白纵身的一跃

2019-09-04

致月亮

能够孤独地在天上自由地行走
像流浪汉一样没有方向
为何不，夜夜孤独，不需要理解
又有谁真正理解我们需要孤独

愿它在每夜都能从花朵里穿行
它，轻轻地如一物，又不及比喻
我们在人间的种种别离它都能形容
牵扯着我们的灵魂，这个吉祥物

在我们的血液里怎能是一轮沧月
这漂状物，在我们肉体里孤独
我有孤独，像明天的圆月
我有容颜，如今天的晓月

2019-09-04

致月亮

一次又一次在同一个地方
站着一个清瘦的忏悔者，托付着孤心
喂养着夜空巨大的寂寞
上天的银白之女啊，走不出自己的房间

被清洗过的夜晚，月亮圆满地从花丛中
升上了天空，我们早已被它镀白

一颗黄金的心，被朦胧地镶满了反光
空无一人的空中走廊被白色填上

忏悔者此刻多么后悔轻微的背叛
自由的人儿，为了物质的毒害，被痛楚填满心
有时我们一伸手就触碰到的幸福
一轮轻轻之物，倾泻而合拢来

2019-09-04

致月亮

它心里依然如玉盘，穿过银白的草裙
如一个会呼吸的动物怀了孕
群山为它形成了狭长的澡堂，它在里面出不来
一只只萤火虫，像迷路中的灯笼
继续做一个夜空中的浪游者，这个扮相

为了这个人人心目中的形象，拿一个天空
的行者，天空所有的光辉形象
消除了人间的烦恼，为所有天波的光

组成小提琴协奏曲
因为分离带来太多的忧伤

是来自忧伤的底色打破了我内心的孤独
化为尘埃，像一滴水一样
无尽地从眼里流来，从少女的情感涓流
到盈盈满怀的柔情，无尽地从夜色
流落下来，沿着它银白的表面

2019-09-05

致月亮

木无表情活得又无凭无据
没有尽头的日子里，无根无萍形成内在的联系
从我头顶漂来的月亮，我此时在外地
给你写书信 / 我感到我回到了从前
美丽的车马 / 邮件慢

我始终还是在行走 / 月亮从井里捞上来一样
/ 我们有着同样的面孔 / 同样灵魂

……我们时间转化成空间 / 隧道一样
/ 我已有了神圣的决定 / 放慢车马 / 和泪而谈
灵魂中有相似的人走过

居住在月亮上的灵魂，带着轻笑
笑声笑断了眉毛，我却感到感觉者飞过天空
但是从未把月亮敲碎，没有从大脑里拿出来挥霍
分离是如此接近，因我从来没有马车
因为渺小，因为有我的位置

2019-09-05

礼拜诗

星期一

捷径反射，一条巨大的影子
只剩下我和你，黑夜下孤独如坐
我嗅到夏天的况味，燃烧中的树叶
纷纷有如破布。犹如夜晚冰冷的草席
挂在我的脖子上。风中奔跑着一群星座
我仰望天下孤独。我侧身而起的地方
大地上流淌着香草。这暗夜的银河
生长着一群岛屿。没有比我更加忧郁
一些不可解的事件，在我身上布满了碎玉
一些像树叶的血液流干了我的身体
我不可能跟你去过一种理想生活
天下爱情不同。我的姿势是你睡眠的五倍
长于梦幻，短于白天
我已老于世故，为何还保持初心

爱情，它就是一个暂住地

我们都摇头。生活在幸福中的人

置身在幸运筹码中做赌徒

我在梦中抽着一枝烟，烟灰乱颤

逐渐地毁灭，在一桶烟火中

星期二

进入那么温婉，侵入那么强悍

我活在这两种极端中。宽大的榕树下

下午阳光正好，打在我的身上也不痛

你通了我的心脏，像橱窗和幸福的闪电

滋长我的喉咙，多年不曾歌唱

让人生有了烦味，像米饭中的雪

走进榕树的怀抱来，她是孤独，我是孤绝

来判断人世的冷暖。就是爱，也是一样的

就算虚假的情义，我拿来做了喜剧

素材干净，故事曲折。舞台灯光在高空

群星灿烂，银河洗去我心中的遗憾

下雨前的窗台，有人拉起窗帘

外面是另外一个时间，我低着头颅

世界变成了这样，我还叫它为人生
我过了期盼改换命运的年纪
榕树的包容，生活有美好一面
贫穷的声音穿透纸笔
敲字写诗的不懂得哀戚
八卦岭站台，我迎接了多少亲朋
我劝他们饮酒，醉后各自散去
之乎者也我将大惑

星期三

遍布黄金的黄昏我不取，我取下我的忧郁
画上的刀工刻着我逐渐哀伤的心
我观看着画布，我不明白上面
那一堆破烂的颜色，无法让人领走的金黄
我画灰色的天空，气息是一个老人的脾气
我将他打上一片死灰，不能更改的命运
我对着我的情人说，时辰的市场
贩卖时间的商人把它制作成了时钟
我滴答如时间在响，我走完人生的晚景
你取这样的景致，下笔都那么浓厚

笨拙的画笔，描绘完广场上的向日葵

时间不够多，拿黄金去交换金黄

黄昏的辉煌，曾被向日葵用完的颜色

我和梵高商议着，他剩下的耳朵

我不敢轻易下笔，一落笔就是鸟落心惊

人生的痛苦在于精神上的围困

我回来看见我的兄弟在吃着我的心脏

像乌鸦的兄弟，什么颜色才陪衬你的灵魂

你站在黑夜里，衣服的颜色我没看见

我的灵魂在心脏中跳动着　鲜红的红

没有什么声音，世界死于一片朱砂

星期四

我生活在深圳，它的繁华让我掩鼻而视

走在地王大厦的大马路上，我和我的情人

我们要走完星期四这一天的暑热

我提桶打水，小心地避开人群

我提着善，迎面走来一个陌生人

他要我抽烟，去他的居处

并邀请我的情人，他的用意

孤独啊，原来，没有孤独加在一起
公园的闲人在打着牌，唱歌的，跳舞的
我看到这个世界的精彩，歌乐一片
它让一个人可以出位，人间喜乐剧
从荔枝树掉下来的故乡，有蝉声跳跃
我的心情也化了妆，夏日格外清凉
我要吃掉早晨，我想和你去吃深圳早餐
我对这个世界的妥协，就因为现实种种
我可以写诗，在我的陋室里，装满了诗集
我自称为诗人，我的情人是灵魂
为灵魂出位的人，为精神复位的人
一个心怀爱情的诗人，误了终身
就在初初的地方，相遇的过程
一味诗书，五味杂陈

星期五

我像悲剧出现在莎士比亚的舞台中
怀着悲观的情绪，料定爱情毁灭
内心喜欢戏剧的人，心怀各种悲伤
大雨将至，雷声的滚动像巨大的车轮

风的口袋收着我最后的收场

开始于一场演出，那些暴雨就像道具

上演在我的斗室，暴雨所至

我埋首桌前，等着从远方来的情人

她给我带来花草，种植在阳台

我看见她，就想到一把雨伞

我把它放弃在冰箱，她说着我爱

要把爱情的供养永恒地闪现

只有爱情够她一生

我不被人理解的情感，奇异闪烁

之所以被称为爱情的奴隶

之所以需要爱情的镣铐

我来世一遭，我遭遇了爱情的律条

我又不想一定要到生命的尽头

才割断与爱情的关系，孤独不已

星期六

我还能够爱，并赞美，她将爱，将心

去驱散眼前的阴郁，并要得到我的祝福

我写着诗，并朗读给她。诗集里的红尘男女

去采桑，去踏春，去有山水的地方，去游山
去寻找空谷中的幽兰。我们在半山腰
面临着山水，我说不出话来，只想说爱
我有爱，它和善良一样，在我身体里
我赞美过它，并得到人世间最好的礼物
我相信你所说的美好，我终于见到太阳
它将和沙漠一起，我仍看到黄金
的金色。放下，就是承担，我懂得
我要玫瑰花的赞歌。我坐在芬芳四溢的
长椅上。我的肩膀孤独地靠着另一个肩膀
写一首诗吧，我注视着你的眼睛
它让我的泪水泛滥，孤独的人啊
和诗人一样年轻吧，诗人也恋爱吧
她会不会在我这首诗里得到安慰
它掩着笑的时候，难免会注意修辞
我用的隐喻都是你，我用的排比都是你
我想表达的晦涩，并不难懂
我相信我和她需要的是一样的

星期日

夏日巨大，孤独难掩啊

永恒才是我追求的，自由必须的

它们并不矛盾，这样悖论的元素

它遗留在我的身体里，并把我的思想毁灭

我多么渴盼我走到人生的尽头

我取出肝胆的时候，时刻到了

夏日巨大。孤独啊，我接近你多少天了

我们还在谈话，你对爱的误解

这不是唯一的爱。孤独难掩

夏日的巨大。我们向往的爱情

有着各自的领悟。我相信了它的燃烧

烈焰把我烧烤吧，我能承受这样的炙热的爱

这么伟大的创举，我在做着伟大的创举

夏日巨大，孤独难掩，我看着你的长信

你相信的爱情是冰山，是冰山一角的爱

它会让整个海洋沉默，它能熄灭海洋

午后的风在树枝上，窗外蝉声孤寂

白鸽子飞了进来，像被我撕毁了的诗经

孤独难掩，我就焚稿吧

我降生混沌之中，火焰燃烧着我

诗燃烧着我，用我全部的情感唤起你的冰山

夏日巨大啊，孤独难掩

我离开孤独多少天了，我看到年轻的你

我要请你下来，去喝长天露水

2012-05-04 定稿

2023-01-09 修订

花啡书乐诗

花啡书乐

带着雨丝的轰响，我踏上那一条花街
转角会把我引向哪里，我抬头看见我的朋友们
他们沉醉在哪里的音乐。我突然被一阵风吹到
露天台上。香烟或蓝色玫瑰

我几乎遇见他们，一个漫画中的女孩，她的面
庞一如寂灭的玫瑰。每天，这些生活上的事
有人在唱，雨丝带着轰响，像花在淤泥里哭泣
无论雨丝，还是黑色的玫瑰

那从古瓶中倾斜的音乐，从酒水里荡漾的深渊
离那条花街，突然涌出来的房间
我心激荡了起来，星期八我们又在哪里见面
过了一会儿，我们用了轻微的东西

2021-05-03

花啡书乐

我们创造一种生活的伟大开始
是黄昏在咖啡里搅拌着婚纱……
犹如花街的玫瑰，恍惚在梦中
时间的隧道里流泻着一组音乐

像布鲁斯，我有我蓝色的忧郁
天就要敲下来一块了，我起身敬礼
那创造物质条件的，是明亮的词
我时常投去沉思的目光，时常是名词

创造物质财富的，请赐予他们安乐
灰色高悬，在精神荒原里我手握权杖
我蓝色的忧郁，像一块病
从水里升上来的布鲁斯，骤然停

2021-05-03

花啡书乐

我在那白色的墙上写下即兴诗
我灵魂中有了寂静之地，我花了三句
其中有一句是上帝之句
我想用一个硬币购买下我其他的妙思奇想

一座上帝创造出的灵魂之所
一些借上帝之口写出的灵魂句子
一个天使想花一块硬币购买我的即兴诗
一个用黄金打造的忧郁

激情，爱恋，我戴着梦的王冠
我被订在那些画的墙面，装潢成册
一块被梦偷走的墙皮，脱落的梦境
正在一句意外得来的诗句里，你的灵魂

2021-05-03

花啡书乐

我在哪里取下一块玻璃，它像钻石
我想安装在你的眼眶中，你眼泪掉下来
像粉红的玫瑰，我想这样明确的比喻
会不会引来所有花朵的反目成仇

我想它是蝴蝶，从玻璃中流出的血液
调和成你的眼泪，这晶莹的眼泪是你手指的玫瑰
这花一样的手指甲，染上了女奴的香水
从人间偷走的其实都产生不了意义

我安上了你的眼眶我钻石般的眼泪
我爱那些我们忠诚的相遇，那些时间
在香烟里挥发，轻缓地流进我灵魂的
那是一座上帝为我们建设了的城市

2021-05-03

花啡书乐

有人问我？我在第二故乡
我正在灵魂救赎的路上展开一场精神苦旅
来自梦的国家，一只鸟望着树洞
我还能从睡梦中偷渡岸上的绳索

这样的命运吸引了你，它的简陋
像大地上支撑的三角形，它在寻找支点
这从书中读出道理，又在毁灭
我们精神领地的法则

我向坐在方舟上的灵魂祈求祝福
祈求风，祈求雨，祈求在出生地
祈求一块地，是种上我们忠诚的作品
我们未完成的作品是母亲交给我们的

2021-05-03

花啡书乐

那些向上生长的枝丫和花朵
像艺术家的手，像女艺术家的手
正挥洒着人间的欢乐，寂静的欢乐
诗与人在那里相遇，遇见自己处处寂静

那里还聚集了一群玩弄音乐的天使
天使的降临，恰恰在那里降临了
那里有极度的美，有少女的心，有粉的
我们懂得了真与美，那里忧愁用来消费

色彩都是恍然，让我们贯通了人类的语言
你可以尽情扔掉画笔，挥霍诗歌的天赋
保持忠诚与灵魂的对视，一边选择内心
拥有自己的伟大和平凡之路，可以即兴诗

2021-05-13

花啡书乐

在梦的边缘，蝴蝶停留在上面
那只懂得庄生之美的蝴蝶，也懂得庸常之美
就在那花架上，和几本翻开的书页
蝴蝶之骨是一缕画魂

我们的音乐之美，有命运的起伏线
动人之处的花街，有哀怨的美
感动着远方的吉他，一声哽咽
这长长的站台，朋友们远道而来

我要完成我想要的诗作
让我就在它的下午，一个夏日的下午
让美丽的疼痛再次，发声
再次刺痛，内心里生长的旋律

2021-05-13

花啡书乐

白天刚刚为大街戴上花冠
这里的人们已经忠诚地奉献出晨风
那吹着蓝色的—blue—萨克斯风
那吹着细麻的相思树，变成哨子

向着白色的天空致敬，致敬天空
致敬给我琼浆的友谊，致敬白云
在湖面完成的皇后，致敬蓝色乐府
这是一座上帝的禁闭，一组天堂之城

不要把这夏天的日子从日历里撕去
我会从它的缝隙里将祝福带来给你
在这里，爱情在萌芽，在古老的小说里
依旧冲破了物质条件，冲破道德牢笼

2021-05-13

花啡书乐

给它颁发一枚光荣的称呼
来这里灵魂救赎的诗人，在此吟诗
在咖啡泡软的甜品，人生无常的馈赠
将享受它，将取得胜利的战利品

是否来这里的年轻人
想要摆脱青春烦恼的相思曲
想在这里种植，种植爱情，种植相思豆
他们是青春的馈赠，是美丽的任务

即使青春化成了美丽的疼痛
也让他在生活中变成诗人
为他丰富而又强壮的人生
在这里挖掘它的井水，精神之泉

2021-05-13

名字

1

你的名字用了最轻的建筑材料
这天，是早秋的气质
一块天空像要补救回来的表情
一个未完成的世界引起我的慌乱

访古过去的图像真实
我们曾拥有过的花园被流浪填满
换回来的疲倦如早秋后的斜雨
是灵魂是肉体否

存在时间的荒芜，随着天气变化的无穷
如突然到来的数学问题
我曾模糊的面貌浓积云的发型
巨蟹座抑或狮子座

你就是过去千年被传说的诗词

我曾读到过的玫瑰的名字，一个韵脚

一声词牌，如处子之心的阅读

如同少年取悦少女

翻破所有书籍的页码

早秋般的思想清晨般地醒来

没有一句可以补救《诗经》的上下页

所有诗歌的建设

2019-08-27

2

我眼中的玫瑰已在我耳中

用你晨露打湿的名字弄出我迷情狂乱的情怀

玫瑰，给我安慰

给我手中，或紫色的爱情晨光消散如你

生命如天堂般苍凉，我如何拥抱早秋如雨

还有雨中的潇潇，我突然挣开的雨伞防备

还我一座桥，我沉默如山

我用了最轻型的口角喊你的名字
并非所有消失，并非手中掌握所有玫瑰
带着生活，也顶着棘冠
深圳的清晨如少年

为着生活继往开来，为了询问
我用了最轻型的建筑材料来建设名字
年少时流浪，为所有公园的玫瑰去计较

数数星期，容易忘记时间
带字幕的诗句和顶着虚名的诗人
是该说出所有的来处和归去的时辰了

为其中一座玫瑰园我们的争论发生了异端
公园夸奖我们的流浪，为了找到玫瑰
所耗费的青春难以抉择

2019-08-27

3

少年阅读如诗行
流浪中的青春潇潇雨歇
如果说年少不自卑，我喊你的名字如玫瑰
醒来发现的早秋，已成了墓碑

如何给我哭泣，就如何给我安慰
如何得到雨滴，就如何得到彩虹
给我与世无争，时间给出的答案

观察我的肉眼凡胎，就给我诗人

如何给我轻型材料建筑起你沉重的名字
如白云而过，如早秋系列
有少年阅读诗行，有水而居
有朋友如清晨，有恋爱如果实

你有一个优美的乡村结局了我的爱情
我有异乡的街道就是为了忘记你的名字
我用最轻型的建筑材料建设你的灵魂
我用最重的情怀毁掉了我一个故乡

2018-08-27

有人在梦中醒来送我礼物
送我的玫瑰是你夜间的眼泪
它让人改变了我一天，熟悉你的名字如格言

有人在梦中唱起了歌谣
几许痛苦犹如玻璃击碎阳光
仿佛梦在举行婚礼，要去拥抱无限时辰的爱情

梦很美好，天空飘起来了
我踏上了你所说的地方，无常之地
有心之人，有待建造的殿堂

别忘记，我们都是异乡街头的流浪人
也曾有欢畅的时辰，也曾说告别

2019-08-28

5

是那一阵风吹起了我早秋的回忆
是怎样的风经过我时我像带了一架钢琴

是重要的时刻起了决定的因素
是微笑经过脸庞时我像带了一架钢琴
怎样的生活，才能找到我们最初的理想
树叶落下，回归泥土卷起的悲壮

特别不可思议的我已忘记了你的名字

受之我心靠近的玫瑰
每一朵玫瑰都和你相称，相对应的是你的名字玫瑰金

你取下我身上的玩具

2018-08-28

各自孤单，各自把孤独当成安慰
各自睡在，如果我把头放进冰箱里

请给我星辰的未来，给我无尽的远方
我们是两个互相摸不到的对方
蓝色像海，我说像哭
没有理由流浪，没有苦难的勇气

有了安慰，就有了早秋的气质
尽管遥远，像摸不到两个人的性格
我用了世界最轻型的材料构建诗歌的殿堂
我用了人间最重的情感只有三天

2019-08-28

辞去山中 赠钰涵

1

辞去的山中 告别山的人脸上生满雀斑
心中在询问 郁结眉头的皱纹——减少
好像晨光对着他们说笑

乳白色的雾飘满山谷 一些绿树掉着繁花和迷网
此刻我不是风 但风在吹我 我不是绿开满枝头
此刻的鸟多么好 它们的欢唱和舞蹈

它们带着云和露

路越来越往下 脚趾在鞋子里抓紧每一个动作
这样的凶险充满心胸 我有何惧
下山的思想我早已滚瓜烂熟

2

她衣着光艳　是吊带裙和蕾丝边
以长发飘逸　美丽得似一朵重生的莲
上山　我们搀扶着她
下山　她感召着我们　精神的一副拐杖

她说着诗歌　就像露水吐出柳枝
她没进山　所有晨光中的游山者都带着阳光和溪水
她游山　怀着纯洁的思想
群山没有动　她在山上　白色的云朵在微笑

我们搀扶着这副精神拐杖
我们是她的支点　她是我们的最终点
女诗人天生的长发　风吹就飘动

她望着山上坐着的女生　她站着　姿势残缺又优雅

如词

3

你的美丽是一座孔雀园　以你为中心
所有下来山的人　观看孔雀
你骄傲　如晨光中的嫩葱
我们都起了一个大早　狠狠地掐了你一把

站在一个方向　所有的眼神都向北
朝着你的笼中观看
这俗世的大鸟　有一支鸟枪把你射掉

我要狠狠地写上你一笔
你这个大胃王　喝了矿泉水　吃着面包屑
我不写你的眉毛就写你的嘴
因为游山，被你折腾得没有骄傲

4

我用石头把湖填满　就像思想填满天空
精神上的方向　下山进行俯冲
走到湖边来的人　以水为邻

脚边的沙细细洗着足踝

这时风不动　湖在动
时间在空间钻孔　脸上的汗水爬满毛细孔
有谁在造着湖

造湖为炉

有谁把一块石头当成一块纪念碑
我问了一遍又一遍
有谁在回答

无言的人在造着天空的顶

5

我穿上了白云的衣裳
我回到了树身
这是我下山来的感悟

有人在挖山填海

有人挖山填充饥饿

有人穷在山中　一生的追求

精神上的高山

垒砌此山的大地

让尘世中的人们有仰望的精神

我们还给大地的是什么

我们取不走的粮食和灯火

走下山的人们　他们带走了什么

走向山去的人们　　他们索取到什么

我们一路在思考

并把路边的野草当成山谷幽兰

辞去山中

故乡：大垭口

1

大垭口山脉沉睡着森林，为了神圣之光
举起煤矿。哦！群星闪耀在我的头顶
洁白的云过了山峰，我在下一个世纪
摇醒母亲。这屋顶住着蜜蜂，它们的黄金脚
撒着一路菜花。为了要找到幸福和快乐
正义，真理，从我家的院子走出去
路到不了尽头，归家的孩子还是行囊空空
苍鹰辽远，把生命最后的本色
狠狠地向悬崖抛弃。那些灌木丛
野果，山溪上跳跃的阳光，跟着梦想
我不告诉你爱情。哦，我接近天空
狂热的双脚在自己的土地上行走
向河流致敬！它的奔流，身体的源水
它曾摧毁我的土地，卷走稻谷和大豆

我还是爱它，年轻的生命无法停止爱
年老的人，在太阳底下叙说着老情人
风中吹着的歌谣，我想唱，对着沉默的情怀
我的父辈，啊！父亲，为了要找到墓室
我们挖掘了地心，那转动的，转动
着手中的年轮，逐渐沧桑的脸
一万年那么孤独，穿过下一个伤口
结痂的心贴着胸腔。橘树在称颂
这锦色树叶。我寻找，从祖辈的坟堆上
举起磷火，并照亮黑夜。从远方传来
的野兽之声，它像世纪最末的声音
传唱着人类的信息。我在哪里出生
直到死亡。我遵循着上古的教训
古老的教条。从祭祖的法器上
我是个永不知疲倦的孩子，热爱
婴儿之举。幼稚，狂笑，我的喜悦
我拔掉白毛，这幸运降临到我的头顶
生命的欢乐，我渴饮它，并享受过程

2

我闭上眼睛，就能感受白鸟穿上我的衣
金色的箭头向着胸口。两耳的烛火照亮从
梦中睡醒的亲人。有人前进，为了胜利之光
不屈服命运的人。这从身边走来的年轻人
夏日下午四点，我睡在浦里河底
我看见祖辈，在一张桌子上举棋不定
演算着幸福的生活。我从下午到夜晚
我进入完整的黑暗。统治！道德！律法
我都不理它们，我在自家的屋子里盗梦
把地底钻穿，通往世界的通道畅通无阻
啊！被遗忘的生命，仅仅剩下了头发
不朽的白发，如今也变成尘土，飞散
消失在茫茫的宇宙间。母亲还没有生下
我，我回到世纪之初，一切的命数
我在未出生之前，手执一张扑克，红 K
王牌，我在卜算着我的人生。从出生之地
我学会走路，并叫一个女人为母亲
她的母性，故乡的福光，我称它为生命
我在大麦地里寻找着，两手空空
我的兄弟从另一个母亲的身体里出来

我们有着相同的命运，不同的样子
我模仿着祖辈的动作，他有着孩子般的脾性
不可侵犯。在那芦苇丛中，蓝色的蜻蜓
黄色的蝴蝶，它们是善良的姐妹
它们脆弱的身躯享尽生命极大的欢喜
哦，多变的季节，还是冬天转眼就是春日
我抱着书本，在阳光下晒透灵魂
思想，眼睛，大脑，诗歌，我都没用
我像永远在老去，又像永远未出生
我审视着我的情人，她贪恋嫁妆
在嫁我之前，她和父亲争论不休
古老的风俗，像一辆纺车咿咿呀呀着
我出走，又回来。我命中的故乡
我爱你时，是我个人的事情。永无止境
它那么美好，向着最后的时代
我不说，我还能活上一百年去取得荣光

3

向永远不能到达的地方出发，骄傲的心
贫穷的人，善良的本性。竹子林的精灵

向着地心挺进，我战斗在世界的群峰

星群像流星雨一样洒向我的脸庞

世纪之初，我和地心在一起

受孕的大地，在奔腾的群马间，我听见

声音的来源处，到处灯火通明

故乡的万物在大地上静止，我向天空伏拜

祈求，祷告，并奢望一场盛大的婚礼

我在黄昏的河边上遇到黎明的儿子

他手持利剑，他看穿了我想要的一切

这吝啬的家伙，视黄金如命

我要的是太阳，这永恒之光

我如何去寻找。我以为所有的光来自缝隙

所有的思想都会发出光芒。我没有光

我在太阳的底下，努力做一个孩子

啊！我该怎样去找到我想要的真理

难道我只是祖辈那样过着贫穷的生活吗

我走出那里，又回到那里，天生的宿命

祖坟上的苍松可以遮挡太阳。青草丛中

一线的萤火在微风中轻轻地颤抖

我呼唤着孩子，孩子至今还没取好姓名

我既想继承祖辈的辈分，又想未来

这个时候谁又在家园的门口喊着我的魂

这从故乡走失的灵魂，有白银样的青春

它盛开着，像不可回收的剧场

丰收场地，这又悲又美的天空

夜晚来临，收拾了稻草场上的灵魂

荒凉的山村，有我童年的游戏

我在游戏，并成长，我像一颗白牙

我出生在这个地方必有我的肉体

它在最后收留我，我回到血位

关于我的传说，白日永长！

无人码头
——只剩下一些船只

1

这是我们一起走过的码头，风吹动鱼的骨头
一些破旧的渔网
我何时蘸满蕉叶上的月光

慢慢地走远，把我逐渐地扩大在尘埃间
我望着天，我到不了海
我看到海，望不到海岸

苇叶的池塘，我不曾看到白云
让风把我吹起来，把我变成白云

遥远的是海，近的也是海，吹过的风
把我吹远

太美好的事物，我留不住它。只有一些故事
还留着，我活在旧时光里
风吹着一些细小的船只

我的双眼里流着霞光，风吹动帆布
一把细如肌肤的沙，从我身边吹走
我留不住它，它从我的指尖吹走，吹走的沙

我看见你的头发，盘在船甲上，举起你的信号吧
让我做一次深情的回盼
我以为，真情就可以换回你的船只
换回丝绸，海蟹，橡木，海水和盐库

太多的走远，我在消失中
无法抵达的，我就行到此为止吧

2

为什么我还有温度，去温暖草虫
为什么我还有爱恨，尘世中的皮肉
为什么我还有愤怒，回答我

我来到世界一遭，结果是离去

没有留下蛛丝马迹，

我离去了，有谁在为我无辜地哭，谁在为我做挽歌

爱就让它爱吧，把我的白色衬衣飞在船板上

停下来的船只

有多少欢呼的海鸟，在为着你的躯体思考

风中吹着的鱼，我在路上

给悲悯，被海水漂着的灵魂

给一首诗歌，做一个诗人能够做到的事

给一些海带吧，把海神的秘密揭晓

如果能够把自己留在这个世上一遭

能够从这个地球活着一次

能够去一次海洋

那我就选择，我习惯了离开

我们只是一个相遇，都是被风吹来的种子

我们会长成树，树木，有红色的冠盖

有绿色的火焰

我还祈求什么呢

我还在落日下看到你，一点点变成金
我在海底，摸着你膝盖
我多么强烈地要求，你的树叶比我高

做一个爱的人，和做一个不爱的人，他们也是一生
把风吹远

3

我一定要去海边

我的骨骼里灌满海风，把海星带回我的家中
我的皮肤里吹满海声，我带回一个海螺

可是我在路上

我相信从水中建筑起来的艺术
它就有了海的魂魄
我相信这些绘画，更相信这风
吹着年轮，一年一年地老

我走到月光下，结果我没走完
我走到雪山上，结果我只看到雪光
我身体上的灵气，从我身上遁去

细密的贝类，爬上来，供人艺术
大海的心脏，捞上来，供人类饲养

从远方回来的船只，它的魂魄不能回到海岸
金黄色的铁锚，带着巨大的喧哗
蓝色的海水，流着眼泪
我不相信这是故乡，一个诗人的断肠

其实，我一直还在路上
在路上
我没看到海，但海边有我，我被风吹远

4

风揪住了你的头发，帆布从你的海水升上来
你没有给我唱离别的歌
我也没有给你说，我去到海边了

我还爱着你，在这个世上我相信我还能够足够地爱
我还想着你，我相信我到老了我还有泪水
因为我有激情，所以我写了诗篇
把这不让人知的句子捎给海水吧

海洋读懂了我的信，读懂我对你的热衷
它相信我还有一腔的海水，把曙光留在海平面
它读懂了我的火，蓝色的海浪烧成白色的浪花

我想，人生还是有一点等待
留下一些遗憾
在风中，风吹着我的白色衬衣，我还有年华

相信有一天你带回海域，给我一座岛屿，给我一条鱼
给我自由
给我你的爱，让爱在风中颂词
我还能够，还能够，我为的是我的心
为的是我身上的血，还有大海吹来的笛声，一些盐
还晒在我身上的阳光，我决定！

5

我想我是有些年纪了，无力登上码头
我能够看穿人世间的爱与恨，我能够明白我的心为谁

从水面划过的驳壳船
朽掉的柴油，仿着旧时光的木纹，鱼骨的裂缝
只有你，红衣绿裤，走出船舱来，望一眼落日
时光才会倒流
在你的桅杆上，我这一把骨头已老

我还是在路上，向上的路通往艺术的巅峰
路旁的荆棘，界限，境界，告诫，评判
海边拖满破烂的渔网

我还剩下一把老骨头，剩下血液，在打着点滴
我还能够，我还能够，我在你身上看到我的烙印
打进我的灵魂里，我这一把老骨头

那些鲜美的草莓，鲜艳的花朵，鲜嫩的果实
我还能够，我还能够，把你身上的盛宴吃掉
它卡入我的喉咙，我还在路上

我隔着那么远看海，我是空，那么稀薄
比空气轻，比来到这个世上要重

无人登上的码头只剩下船只
我无法到达的海边，黎明驮着鱼远去，海水带着鲜花
风吹远，风吹远，风吹得我太远

我的葡萄园

葡萄园

阳光下的葡萄园飘荡着
高速公路一阵阵向着我不安的脚步
流浪而过，微风吹拂我的
面庞，我的葡萄园，绿色像通道一样
来到南方，让我像自由一样生长
一样歌唱，来吧，为所有梦中流浪的
种植心情的好天气。高速公路上，我看到
迎着绿色而生长的葡萄园。一切变得不同
为疲惫的生活，无数被称为流浪的脚步
无数绿色在通道上为我敞开
我看到你从台阶上下来，我数数台阶
南方的气候爆裂，我为我不再短暂的孤独
喜极而泣，为了两个人的孤独
我不期而遇，上了葡萄园的绿色通道

敞开的明亮的孤独，我在幻觉中跑了起来
一只昆虫在枝头上，为不太明亮的上午
从高速公路下来，空气中弥漫香气
我已进入葡萄园，而你正背转身去
向另一面生活经营着

2019-09-09

葡萄园

为了一座南方的葡萄园
几乎成了我的灾难。古老的建筑材料
堆积起来自己破碎的脸，眼睛曾像葡萄
滚动出啊我曾拥有婴儿般的睡眠
青春尚好，一座葡萄园突然出现
空中花园的走廊，作为失落的一代
落在坚硬的魔法师手中。哦，我们轻别离
为还没有来得及相爱的青春
彼此微笑，依然不曾说过别离有期
在空中花园上落下的星座
是我们的命运，是我们别离无期

克制着眼泪，制造出浪掷微笑的口角

从不曾告别与不再见中

我已拥有了我的葡萄园

——那消失的未来，即使我只是斜面

2019-09-09

葡萄园

绿色的孤独里有一座惆怅的葡萄园

我走到这里时停止了流浪，葡萄园，我把你当

家园 / 我要支起画板，所有的清凉都倾注在画笔

描绘出紧紧抓住竹竿的是藤蔓的手

让回家的人通过绿色的长廊 / 绿色孤独的长廊

在徘徊，高悬在我们头顶上的秋天

啊，深邃得如此可怕 / 天空荒芜白云像城堡

我正准备离开，帮助自己孤独地荒废

藏着自己的思想到未知的道路去，颓废的城镇

我正在安息，走过的人说，时间已老

2019-09-16

葡萄园

黄昏的画景如一副大师的手套

我确定了不是它最好的方向，黄昏老昏昏

只有葡萄园成了我的精神家园

什么诗作和歌唱都是我的败笔，我承担了梦境

但愿是，此刻，我踏遍了绿色建筑的寂寞

我承担着寂寞，天，那有什么意义

我实在是人生最大的败笔，向拥挤的圆柱

有三根水泥圆柱，我不用数，我曾做了园中

一天的皇帝，老天，不是园丁

我曾听见葡萄簌簌如秋风瑟瑟

如我翻书的声音像绿染的天鹅绒

像绿蜡滴在母亲眼里，簌簌作响

2019-09-16

葡萄园

白天远去，我扬长而去，我如此清醒的辽阔
我和一座葡萄园——有着远离人间的自由
异乡在召唤，一辆梦中轻快的马车，黑而胆肥
它的目光交织着光，那是天之光。而来讲述
我们在葡萄园那些淹没的往事，被尘埃引领
异乡的夜晚向我示意，我和一颗暗淡的星
你曾来葡萄园赠送黄金，而何处有风声
孤独再度使诗人贫穷，行入人间的自由
降临在绿色长廊的闪耀着的寂寞，垂首帖耳
前进啊马车，如一团火焰，灰尘卷起如雪
向神圣致敬，通向世界的殿堂，风在牧放着

2019-09-16

葡萄园

葡萄园～我要做秋天的主人～可否／运用我妈
的粮仓～戴上人民的桂冠～葡萄园～秋天来
临／我在运用我妈的粮仓～我要举行天下盛典
我在葡萄园开设酒局～大摆宴席～招来文朋诗
友／想敌他个晚来风急～我要一睹诗歌的华诞
～我要戴桂冠～我要在秋天做一天主人～可
否／葡萄园～随便向人打探这次诗典～随便走
出绿色长廊吟唱水泥圆柱
一个诗歌的囚徒遭遇精神的围困／曾打开母亲
粮仓的孩子运往了孤独
一个天使的歌唱遭遇天赋的金色／打开粮仓的
孩子运往着母亲

2019-09-16

葡萄园

这个信使，他还送来了一封匿名信

我在葡萄园里等待着他，赠送他甘甜的露水

他来时是清晨，露水满天，去时晚霞可以直接裁衣

匿名信是一封无字信，我的胸口涌起感动

我接待信使，还有花朵与藤蔓，我的血和爱

歌唱和黄昏，还有葡萄架下的秋千绳

他是一个信使，却装满了无数的匿名信

可以给我激动，鸟鸣，花香还有胸口的疼痛

会幸福地站在我的面前，拥挤在我思想的脑海

我也会担心，我收到的是一封无字信

收到的是一片落叶，收不到一个字

2019-09-17

葡萄园

我将葡萄的藤蔓编织成你的发辫
你乌黑的发辫，缠绕着我粗壮的手臂，因风过去
我看见一枚潮湿的月儿圆，它像你的脸
像你扬起脸来跟月儿比圆，像一幅油画涂上颜色
像爱情像夜的十七章向死亡奔去
犹如月亮在你脸上死亡我在你的身上死亡
我们的颤抖闻到了花朵死亡的信息
所有颜色都在牺牲都在孤单单中凋敝
全部的全部爱情都在你的痛苦中痛苦地死去
我们都是归人，都是夜晚推开的门

2019-09-17

葡萄园

痛苦于我何等惊慌，我看见你踏着晨霜远去
那是在冬季，那时我们的灵魂如此地对等
我的灵魂像敞开的葡萄酒，你喝得如此寂寞
我饮你的灵魂如此醉过，哪怕有点苦

那天萧索如此笼罩寒冬。我感动

凋敝的葡萄园，在梦与死亡中

我的梦和你的死亡靠得如此接近

像两个相互谋害过的灵魂，惶恐中说惶恐

我们试着抱了寂寞的长夜，鼓起亲吻

我们像抱了孤独，用孤独取悦孤独

2019-09-17

葡萄园

探索和收集无意义的下午

落叶是块病，被风吹干的葡萄园吹了一下午

我收集完落叶，像收集一筐筐火焰

我曾是它的王……是它的心脏……是它繁盛

时期可爱的对象 / 只需要一次目光就能催生萌芽

就能将沉默赠送一桶黄金 / 保持着应有的善意

一样的孤寂 / 一样的胸腔里 / 燃烧

是它的使命，我不能因为完全的热爱

我热爱，因为血液存在的意义

其实毫无意义，尚在葡萄园引风吹来

有时我们像孩子一样醒来，又学会了大人的思想
独自徘徊于，拒绝我入园的长廊

2019-09-17

葡萄熟了

在如霜般的月光里你我想要的葡萄熟了
这是我的家园接受它吧，亮晶晶的葡萄
不再如白云般流浪，也不再使自己穷困潦倒
我想要的葡萄熟了，一颗一颗的晶莹剔透
把它制造成甜酒，为那些还没回到故园的游子
这是生命给我们配上的薄礼，别急着去想金银
青春如花期般短暂地开过了，接受中年的洗礼
尽管生命也短暂，但是我想要的葡萄熟了
它是让我们远道回来的游子的一道甜饮
喜悦令我们的心情去开怀畅饮
尽管这生命的盛宴来得晚一些
但是我想要的葡萄熟了，一颗一颗在葡萄架上
在如霜的月光下，绿色走廊变得晶莹剔透

何等的美事，跟随着我们的内心忠诚般

修整吧，我们的家园，修整吧，内心的荒芜

来这里，灵魂的动荡得到了救赎

安宁般，取下葡萄，把它酿成生命的琼浆

2021-05-04